The Secret Grimoire of Lucy Cavendish

GRIMOIRE
魔女の手引き

魔女が教える魔術の基本と実践スペル

ルーシー・キャベンディッシュ……［著］

住友玲子……［訳］

アールズ出版

Spellbound
The secret grimoire of Lucy Cavendish
by Lucy Cavendish

First published by Rockpool Publishing
New South Wales, Australia

Merry Meet
はじめまして！——魔術を実践するあなたに

「知ること」

「勇気をもつこと」

「意志をもつこと」

「他言しないこと」


これは、格言として古くから魔女に伝わる4つの教えです。

魔女は魔術に関する情報と技術を「知る」ために勉強し、習得した知識を「勇気」と「意志」をもって実践に活かし、自分が手にした魔術については「他言」してはならないという教えです。

魔女は、古くから伝わる〝グリモワール〟と呼ばれる魔術に関するバイブルを参考にして学び、実践し、磨きをかけて自分自身の『グリモワール』を書き上げるのを常としてきました。

わたしも長年にわたり習得し、実践してきた魔術のすべてを綴ったわたしだけの『グリモワール』をもっていて、それは魔女の格言どおり、ずっとわたしだけの秘密の書として保管してきました。

しかし、今、この秘密の書『グリモワール』を開き、そこに書かれた魔術の数々を皆さんとシェアするときがきたと感じています。なぜなら、時代が変わり、もう隠したり、秘密にしておく必要がないと感じているからです。

そして、この本がつくられました。

この本は手に取るだけで、そのパワフルなエネルギーを感じることができます。もちろん本を読み進めていくと、もっと心躍るような気持ちになり刺激を受けることでしょう。

ただし、この本が本領を発揮するのは、読者の皆さんがこの本に書かれている魔術の数々を実際に実践したときです。この本を読み終えたら、次のステップとして、書かれている魔術をぜひ実践してください。すると、どうでしょう! あなたの人生に驚くべき変化が現実のものとなってやってきます。

この本は魔術の実践の書です。このことを忘れずに、ぜひ覚えておいてください。実践することで、あなたのなかに眠る変容のパワーが目覚めるのです。

呪文を唱え、魔術を学んでください。あなたの人生が本来あるべき姿となるための、さまざまなすばらしい経験が訪れることをお約束しましょう。

すべての人に祝福、愛、魔法のパワーを

ルーシー・キャベンディッシュ

魔女の手引き

［目次］

㊟実践篇は巻末からスタートします（横組み）。
目次で使用しているイタリック体のページ表記は実践篇の通し番号を記載しています。

本書で使用する魔術に関する基本用語について

マジック　magick（magic）

マジックという言葉は、魔法や魔術、呪文、まじない、さらには儀式やチャンティング、呪文を唱える行為、エレメンツの召喚など、さまざまな場面でじつに幅広く使用されます。

また、同様に、マジックの実践者についても、国や文化が異なると、魔術師や魔女と呼ばれることもあれば、ヒーラーやシャーマン、儀式を執り行うマスター、霊媒師など、さまざまな呼び方があります。ただ、どんな呼称であるにせよ、〝エネルギーワーク〟（エネルギーを動かす行為）を行う――エネルギーに変化を促して、意図した結果を現実に投影させる――という視点でみると、彼らが実践する行為すべてがマジックであるといえます。

スペルクラフティング　Spellcrafting

呪文（まじないの言葉）を考え、その構成や、使用する材料なども含めて作り上げていく作業のこと。

スペルクラフティングも魔術の内に含まれる作業のひとつで、エネルギーとワークするためのひとつの方法です。

その作業はとても実践的で、一定の伝統や慣習、自然の法則に則ってつくられます。敬意を表して行われる行いです。

クラフト（ウィッチクラフト）　craft　witchcraft

クラフトは、ときにウィッチクラフトの短縮形として使われます。魔術をつくり、呪文を形作る作業のことで、実践的な作業です。

スペルキャスティング　Spellcasting

スペルキャスター　Spellcaster

スペルキャスティングとは主に意思をもって呪文を唱え魔力を発動させ、魔術を成立させるために行う行動を指します。

スペルキャスターはスペルキャスティングを実践する人。スペルキャスターのなかには、クラフトワーク（上記）を行う人もいれば、自分では行わない人もいます。ほかの魔女がつくった（クラフトした）スペル（呪文）を使ってスペルキャスティングすることもあります。

キャスティング　casting

キャスティングは、「作り上げた魔術に命を吹き込む作業」のこと。クラフト（ウィッチクラフト）＝「魔術をつくる」「呪文を書く」作業を、エネルギーに変化を加えて、最適な現実を生み出すための行為を決断して実践するための準備作業と位置づけるとしたら、キャスティングは、必要な道具や材料を集めて、何をすべきかを最終的に判断し、いつ、どこでどのように行うかを計画して、実際に「魔術を行う」ことを指します。

基本篇　魔女と魔術のすべてがわかる

1 魔法の世界へようこそ

2 魔法の歴史

3 魔術の準備と実践──そのサイクルとタイミング

4 ほんとうの魔術を実現するために

5 魔術に必要なもの

6 魔女はひとりで立ち向かうもの

7 魔術を成功させる秘訣

8 神々の助けを借りる

9 “聖なる空間”のつくり方

1 魔法の世界へようこそ

Welcome to the Craft of Spellcasting

魅力的な人生を創造するために

わたしたちはだれもがこの惑星の一部として存在していて、そこには想像もできないくらいの膨大な自然のパワーがみなぎっています。この人間の叡智を超越する自然のパワーとともに、わたしたちは生まれてきました。

現代社会においてわたしたちは、自然のパワーを当たり前のように利用しています。電気や太陽光、デジタル技術……。しかし、より深い部分にある自然のパワーを充分に活かしきれていません。その理由は単純で、わたしたちのなかに当然のごとく流れつづけているパワーの存在に気づいていないからです。

すでにあなた自身のなかにみなぎっているこのパワーを感じてみませんか？　現代社会において、多くの人は、本来備わっているパワーから完全に断絶した状態に置かれています。現代人の多くは素晴らしい自然が織りなすパワーとともに生きていく術を忘れてしまっているのです。

魔法は、自然のなかにみなぎるマジカルなパワーがこの世界にあふれ、もちろんあなた自身のなかにもあふれていることを再発見するひとつの方法です。魔術を実践し呪文を唱えることで、あなた自身の内に眠るマジカルパワーの源に到達し、より深く自分自身とつながることを可能にします。

その結果、自然界とのつながりが増し、あなたの人生をより魅力的で意義あるものに創造するサポートとなるのです。

ウィッチクラフトと呪文

まず最初に、少々複雑ですが、魔法について理解を深めるためには避けて通れないとても大事なことからお話したいと思います。

ウィッチクラフトという言葉をご存知でしょうか。魔法についてちょっと勉強をした読者なら、よく耳にする言葉ですね。魔法の世界ではとても大切な言葉ですが、実は正しく理解されていません。

〝Witch(魔女)〟は古代アングロ・サクソン言語〝Wicce(ウィッケ)〟が変化した単語で、「賢い」「折り曲げ、形作る」という意味があります。このふたつの意味をつなげると、魔女は「知恵によって(現実を)折り曲げ、形作る」という定義になります。いったい「知恵で」「折り曲げ」「形作る」とはどういうことなのでしょうか?

「知恵」というのは、人の手が加えられていない原始的なエネルギーの源を意味します。宇宙は神秘的でパワフルなエネルギーに満ちあふれています。わたしたち人間社会においても、季節の移り変わりや、月相(ルナフェーズ)、日食、月食、夏至、冬至、春分、秋分、太陽暦など身近に感じることができる一定のサイクルの流れが日常に存在しています。これらこそが、自然が織りなす「知恵」、つまり神秘的でパワフルなエネルギーの源なのです。

こうした自然のパワーに意識を向け、あなた自身がこのエネルギーの一部であることを理解し、あなたのなかに眠る本来のパワーと自然のパワーがふたたびつながりを取り戻し、ともに生き、ともにワークすること、その生き方そのものがウィッチクラフトなのです。

自然のパワーとつながるためのワークのひとつとして、呪文があります。賢く、自然のパワーを形作り、そして現実の日々に反映させていく作業、それがスペルキャスティングです。

あなたの存在そのものが魔法!

魔法は芸術であり、クラフト(工芸)であり、自然のパワーを理解するための哲学で、あなたが思い描く現実を手に入れるためのパワーを創造する目的で実践されます。つまり自然の力を折り曲げ、形作っていくことにほかなりません。とはいえ、誤解してならないのは、自然の力を罠にかけたり、無理矢理歪めたり、搾取したり、悪用するという意味ではありません。

魔法にはたくさんの規則とルールが存在します。基本的なルールについては次の節以降で解説しますが、なにより、まず最初にこの真実を知っておいてください。

あなた自身が魔術の実践者となるには、あなた自身が魔法を行うに値する生き方の手本となるように、健やかな精神を保つ必要があるということです。

自然の偉大なるパワーや正しいタイミング、宿命、運命、宇宙の配列といった、あらゆる自然摂理なくして、わたしたちは存在することができません。

そして、あなた、という存在は唯一無二の存在です。だれひとりとして同じ人間は存在しません。過去でも未来でもなく、いま、この時に存在していることがあなたの存在意義でもあるのです。「あなた」の存在そのものが、奇跡と自然のパワーによって生み出された神秘であり魔法なのです！

魔術を学ぶ前に知っておくべきこと

魔術の実践について学びたいと考えている読者の皆さんに、ぜひ前もって知っておいてほしいことをここでお話したいと思います。

魔法については、さまざまな情報がたくさん出回っていますが、一般的に知られているもののなかには、魔法が良い行いではないと指摘するものもあります。くれぐれも、こうした間違った情報に惑わされないようにして注意してください。

魔法を行うことによって、処罰の対象になるかのように書いて不安をあおるものがあります。また、そもそもコントロールできないエネルギーとともにワークする内容のものや、コントロールすべきではないエネルギーを扱う魔術について書いたものもあります。

こうした間違った情報は、古い宗教的世界の発想から派生したり、映画や情報メディアなどで歪曲して表現された魔術や魔女のイメージが誇張して伝えられたり、あるいは、神話の世界の一部を切り取って恐怖心や不安感をあおるものを面白おかしく伝えられることによって、広められてきました。

しかし、自然の偉大なるパワーやエネルギーは、繰り返しになりますが、生まれながらにしてだれもが自分の内にもっているものです。そのエネルギーとつながって実践する魔術を正しく学ぶことは、すべての人に与えられた正当な権利なのです。

次の節に読み進むと、読者の皆さんは、この主張がけっして間違ったものでないことをさらに確信することでしょう。

魔法のルールと法則

【3倍返しの法則】

この法則は、あなたが魔法を通して投げかけたエネルギーが、3倍になってあなたの元に返ってくる、という魔法における基本を伝えるものです。一般的に「3倍返しの法則」と呼ばれています。ですから、不健康なエネルギーを扱う魔術を行うと、どういう結果がもたらされるか、分かりますね？　たとえば、だれかに仕返しをしようとして行った魔術は、やがてあなたに3倍のパワーとなって戻ってることを意味します。

【心身とも健康であれ】

魔法を行うときにもっとも大切なルールは、常にあなた自身のエネルギーをクリーンでクリアな状態に保つことです。あなたがどれだけ怒っていても、意気消沈していても、魔法を実践するときは心身とも健康な状態を維持する必要があります。そうでないと、エネルギーとのつながりもクリアにならず、実践した魔術もクリアな状態を保てません。つまり、魔法を行う前はドラッグやアルコール、コーヒーなどの刺激物の摂取を控えた方がよいということです。

【だれも傷つけてはいけない】

医師もこれと同じルール遵守を宣誓しています。魔法を実践する行為そのものにもヒーリング効果があります。意志をもって変化を呼び起こすために自然のエネルギーとつながってワークをしようとするとき、あなたはこの偉大なるパワーを正しく使うことを学ばなければなりません。つまりそのパワーを利用してだれか、なにかを傷つけるようなことをしてはなりません。

理由がなんであれ、傷つける、痛めつけるという結果をもたらす魔術を行ってはいけません。「だれも傷つけない」ということをかならず自分自身に誓ってください。

ウィッケの教訓はこう教えています。

〝だれも傷つけないかぎりにおいて、
望むことを行うべし〟
〝an it harm none, do what ye will〟

【最高の結果だけを求めて】

このフレーズはしばしば呪文のなかに登場します。呪文を投げかけるのは、その恩恵、影響を受けるすべての存在に最高の結果をもたらすことを、宇宙に手助けしてもらうためだということを理解しましょう。

【魔法は愛そのもの】

だれをも傷つけず、だれにも害を及ぼさず、自分の意志をもって最高の結果をもたらすために魔法を行うということは、つまりその行為そのものが「愛」であるということです。生命、わたしたち自身、地球、女神、神々、生きているということに対する心の底からの純粋な感動、これらのすべては愛に基づいています。

では、恥ずべき呪いや呪術（呪いの魔術）といった存在をどう考えたらいいのでしょうか？ たしかに呪術を行う魔女はたくさんいます。おそらく呪術にともなうリスクと天秤に掛けてどうしても阻止したいものがあるときには有意義でしょう。たとえば〝生命が宿っていない〟対象物に呪術を施すワークがあります。病原に対して行う呪術は、魔女にとって気持ちのよいワークのひとつです。

ただこの本の目的のひとつは、呪術を行うことなく、不快なものを払いのけ、ブロックし、自分自身を保護し、エネルギーに変化を及ぼす方法を学ぶことです。ネガティブな人々とのつながりを断ち切り、困難な状況を改善するための実践的な魔術をこの本で学ぶことができます。イジメをする人や嫌いな人との交友、トゲのある噂話など、大なり小なりわたしたちの人生に渦巻く不快な出来事や人間関係を、ただ我慢して、耐え忍ばなければならない理由はないのです。

この本で紹介する魔術に、他者を傷つけたり、害を及ぼすものはひとつもありません。あなたを傷つける人、あなたに害を及ぼす対象物や人間関係というネガティブなエネルギーをあなたから遠ざけ、逸らすための魔術を学びます。

それによって、行動や態度に変化が起きます。変化は相手だけでなく、あなた自身にも現れます。その結果、状況そのものにエネルギー的な変化が劇的に訪れるのです。同時に、とても強力で即効性のある自分自身を守る魔術も学びます。これらすべてはとても楽しく、力を与えてくれる内容です。

［自由意思を犯さず］

魔法は他者の意思を邪魔する目的で行ってはなりません。たとえば、他者の意思を無視してその人の行動を変えるような目的で行ってはならないということです。このような魔術は違法行為に相当します。ところがいまもそうした魔術が横行しています。

どうか皆さんは他者の同意なしでその人の意思や行動を変えるような魔術は行わないでください。人間関係のよりを戻すために相手の意思に反して魔術を利用するようなことは絶対にやめましょう。

もうひとつ、基本原則があります。相手の同意をえずに、自分勝手にその人にエネルギーを送ったり、魔術を行わないことです。仮にそこに悪意はなく、その人のためによかれと思ってポジティブなエネルギーや光を送ったとしても、あなたはその人のスピリチュアル領域に無断で、しかも土足で踏みこんだことになります。このルールに従うことはとても重要です。その決意によって、安全で効果的な魔法を、これから先もずっと継続することができるのです。

［引き寄せの法則］

あなたの思考があなた自身をつくり、信じる心が現実をつくりあげます。ですから、魔術を実践しようとするとき、つくりあげたい現実や、魅力を感じる要素に関連性のあるツールや材料を使わなければなりません。

この法則はもともと〝引き寄せの法則〟と呼ばれているもので、わたしたちは自分自身を引き寄せます。

わたしたちのエネルギーは自分自身の経験に影響されます。この考えは、新しいものではなく、古代からずっと継承されてきたもので、とてもパワフルです。

【ネガティブな発想を意図せず】

復讐心や悪意、卑劣な発想や意地悪な考え、あるいは自分勝手な発想のもとに魔術をはじめると、その結果はだれにとっても好ましいものとはなりません。もしこのような魔術を習慣にしてしまうと、魔術の効果による反撃を受けることになります。あなた自身のエネルギーは衰え、魔法に対する信頼は揺らぎ、あなたの意志は激しく動揺させられるでしょう。

これらの法則やルールを知ると、これから魔術をやってみようと考えているあなたは、なんの気なしに行った魔術で恐ろしい間違いを犯し、破壊や中傷を生み出してしまうのではないかと怖気づいているかもしれませんね。もしそうであるなら、そんな恐怖心や不安からほんの少し気をそらして、ポジティブな方向に目を向けてみましょう。

この本を通じて、わたしたちはともに宇宙の神秘のなかへと旅をし、自然のエネルギーを理解することを学びます。そこで、最高の魔術の実践を経験することができるでしょう。その前に、読者の皆さんに約束して欲しいことがあります。あなたがなりたいと思っている自分になぜなりたいのかについて、じっくりと考える時間をつくって欲しいのです。

魔術を正しく行い、エネルギーを正しい知恵で変化させ、新たな形をつくっていくためには、あなたを取り巻くエネルギーを理解する必要があるからです。

魔術は、呪文を唱えて、あとは待っていれば完璧な人生が手に入るというものではありません。むしろ、エネルギーを理解し、あなた自身の特別な人生という神秘を創造するために、パワフルなエネルギーに助けを求め、利用することです。

このエネルギーを利用するために大切なことは、あなた自身が心をオープンにして、あらゆる物事を異なる角度から見る目を養うことを学ぶことです。魔法にかけられたようにあなたは心を広げ、より広い世界を見据える目を養う学びをえていくことでしょう。

2 魔法の歴史

A Little History of Spells

魔法の過去から今、未来へ

　あなたの人生に変化を呼び込む魔術の解説に移る前に、ここで魔法の歴史についてお話をしましょう。歴史の話は退屈だなぁと感じる人がいるかもしれませんね？　早く魔術を実践したくてウズウズしていることでしょう。

　ひと昔前の学校の先生のような言い方になるかもしれませんが、皆さんにはウォームアップから始めてもらいたいと思っています。あなたが〝魔術の実践者〟となるためには、この世界の過去についての理解が欠かせません。

　過去を正しく理解していないと、過去の先にある未来、つまり現在、そして現在から先にある将来、そのどれもが間違った方向に進んでしまう可能性があるからです。

　また魔術がどのようにして発展してきたかを知ることはとても重要で、この先、魔術を行う上でかならず疑問が出てくるでしょうが、そんなときに、ここで学ぶ基本的な知識がとても役立ちます。

　魔術は日常生活のなかの至るところに存在しています。ですからあなた自身の思考や言葉が魔術の基本を作り上げるということを覚えておいてください。そのためにまずは、魔術の入口である基本原理から理解を深めていきましょう。

　ウォームアップからはじめて魔術を正しく理解すると、魔術を行うことによって傷ついたり、疲労を感じることがなくなります。最初のうちはエネルギーの反動によって不快に感じることがあるかもしれませんが、これは繰り返し行うことで慣れていきます。それに回数を重ねるごとにあなた自身がパワフルに変化して適応能力が向上していきます。そしてその先には、人生というものが驚くほど素晴らしいものだと感じられる瞬間が待っています。

自然に根付いた生活と古代の魔術

世界各地の先住民族――大地に根付き、地球のサイクルとともに暮らす生き方をする人々――はそれぞれ独自の魔術をもっていました。国によっては、単純に〝祈り〟のためだけに行うものだったり、願望実現のためだったり、その形はさまざまです。

ただ古代の人々の多くは現代に生きるわたしたちよりも実用的な魔術を活用してきました。農作物の豊かな恵みを手にするためには雨が必要でしたし、空腹を満たすには狩りをして食糧を手に入れる必要もありました。

また、種族を後世に残し、彼らが培ってきた叡智や文化、伝統を継承するために、子孫繁栄を願う魔術をもっていました。自分たちの大地や農地を侵略しようとするほかの部族や敵対者たちから身を守るために祈りを捧げました。こうしたすべての出来事ひとつひとつは、彼らにとってとても重要な関心事でした。

思春期の青年が大人になるときに行われる魔術も存在しました。たいていは試練が与えられ、その課題を種族のリーダー（酋長）やいっしょに暮らす人々を傷つけたり、混乱させることなく克服すると大人と認められたのです。

思春期の女性にも同じように少女から女性になるための儀式や慣習が多く存在しました。また女性の場合は、儀式や魔術の方法をはじめ、大地のこと、出産方法、農作物の育て方、ハーブや星の知識などを年配の女性たちから伝授されました。大地とともに暮らす人々は、動物や植物、季節、自然がもつサイクルについてたくさんのことを学び、生きる知恵として継承してきました。

こうした社会で魔術や儀式をとりおこなうのは特別な人々でした。魔術師とか女神官《にょしんかん》、シャーマン、メディスンマン、メディスンウーマンなどと呼ばれています。
このように古代の人々は、地球や宇宙のサイクルとともに生き、深い神秘的なつながりをもっていましたが、人類の進化とともに〝文明社会〟が発展してくると、自然に根付いた生き方から遠ざかり、それを忘れ去ってしまったのです。

文明社会の訪れとともに

人々の意識は、動物や植物、鳥、空、天気、大地などの自然と一体となった生き方から離れていき、神と呼ばれる存在を崇める生き方を求めるようになります。種族全体が、聖なる力と呼ばれる存在（神や女神たち）を心のよりどころとして生きるようになり、なかにはこれらの聖なる存在を自然万物のなかに見いだすのではなく、自然を超越した存在として認識するようになりました。

ギリシャやローマなどがよい例です。彼らが崇めた神や女神は、オリンポスと呼ばれる天国のような場所を舞台に、宇宙規模で扱われていました。そして、人々は神々にお供え物をするようになったのです。

ギリシャ人とローマ人は、〝文明的な社会〟という一定のコミュニティを作り上げることによって、人々の生活に変化を生み出す達人でした。彼らは帝国を築き、遠く離れた場所に住む人々や大地までをも統治しました。

権力による人々の征服は、帝国を支配する権力者に都合のよい目的のもとに行われて、多くの場合、それは金や錫、宝石の発掘であり、農地などすべてを収奪し、人々を奴隷化し、搾取するためでした。現代でも同じような出来事が世界のあらゆるところで起きています。

こうした文化、文明社会は、彼ら支配者がつくりあげた世界観に基づく彼ら独自の視点によって出来上がった文化であるがゆえに、この時代に行われていた魔術に関しては、古代先住民の人々が行っていたそれとは異なる独自の内容だったことを知っておいてください。

イギリス南西部のバースにあるローマ浴場跡博物館には、女神スリ（この地に今日も湧き出る温かいミネラルウォーターを司る女神）のためにお供えをするときの祈りの言葉などが書かれた古文書などが展示されています。機会があればぜひ訪れてみてください。じつに１５００年以上も前から使われてきた展示品の数々は、とても興味深く参考になります。当時の人々が魔術を行っていたこともよくわかります。その内容は盗難品を探してほしい、といったものから、愛に関すること、敵に対する自己防衛の願い、病後の回復などさまざまなものがあります。

西暦８００年代のイギリスでは、いわゆるシンクレティック魔術という、哲学と宗教などが融合したものが数多く存在していました。主にオーディンのようなスカンジナビアの神や大天使マイケル、大地のスピリットとして知られる魔法を使う小人エルブスなどに助けを求め、魔術を行っていました。

あなたに流れるマジカルな〝血〟とつながる魔術

A spell to connect with your magickal bloodline

あなたの家族、先祖、もしかすると何千年前から存在していた祖先たちのなかに魔女や魔術師、ヒーラーとして活躍していた人がいると思います。こうした先祖たちは、今なお、あなたにさまざまな手助けをするために存在しています。

ここで紹介する魔術はそんな先祖たちとあなたがふたたびしっかりとつながることをサポートするためのものです。

もちろん、わたしたちの祖先がよい人ばかりだったわけではありませんが、この魔術は、おおぜい存在する先祖たちから〝調和〟のなかでワークをした存在の叡智や知恵とつながるために実践する魔術です。

ちなみにこの魔術は、家族や先祖に魔術の実践者は存在しないと思っている人にもとても役立ちます。では実際に、あなたのなかに眠る先祖のパワーを呼び起こしてみましょう！

準備するもの

□ 自分の髪の毛（少量）
□ 赤いキャンドル（先祖の血筋を象徴します）
□ 白いキャンドル（過去世でいっしょだった親戚や先祖を象徴します）
□ キャンドルの受け皿または入れ物（難燃性のもの）とマッチ
□ アクセサリー、ジュエリー（あなたがよく身につけているもの。一部でも可）
□ 仲のよい家族が身につけているもの、またはその人の写真

魔術の手順

① サークルを開きます。（59ページ参照）
② 赤いキャンドルに火をつけます。
③ その火で自分の髪の毛を燃やしながら、次のフレーズを唱えます。髪の毛から立ち上る煙であなたの先祖があなたのことを認識します。かならず受け皿またはボールのような入れ物のなかで行ってください。また火の元に充分注意し、万が一に備えて水を近くに用意しましょう。

先祖のために火を灯します
わたしの血のなかに、骨のなかに
古くから受け継がれる魔術の秘密

I light a candle to my ancestors
Blood of my blood, bone of my bone
Keepers of the magick of the line.

④ 赤いキャンドルの火を吹き消します。

⑤ 次に白いキャンドルに火を灯し、次のフレーズを唱えます。

わたしのスピリットである先祖のためにキャンドルを灯します
先祖のスピリット、先祖の血のために
ワークをし、祈りを唱え、癒してくれた先祖のために
いつもわたしとともにあり、望めばいつでもサポートしてくれることをお願いします
先祖の過去、そして未来がもっともよきものとなりますように
あなたの内なる教えをわたしに与えてください
あなたの叡智、ギフトをわたしにシェアしてください
魔術の夢を、その知識とパワーを夢見させてください
いつのときも、これらをわたしの元に運んでください
感謝します。今までも、今も、そしてこれからも
偉大なる経験をシェアしてくれてありがとう
今、わたしを癒し、魔術を行うときには、
ビジョンが見えるようサポートしてください
未来が明るく意義あるものになりますように

I light a candle to my ancestors of my spirit
Ancestors of spirit, Ancestors of blood
Those who care. Crafted. Healed and chanted
I ask that you stand by me, and ensure that my every wish granted
Be for the highest good of my ancestors past and future
Let me learn your lessons within
Share with me your wisdom and your gifts
Let me dream dreams of magick, knowledge and power
Bring this to me, in every hour
I thank you all, future, present and past
For sharing with me your experience vast
Aid me now, and when I cast

Show me visions, to help me see
A future bright and purposeful for me

⑥ 白いキャンドルの火を吹き消します。

⑦ あなたの前から後ろから、先祖たちが列をなしてあなたの方へやってくる様子を想像してください。とてもおおぜいの先祖たちが、皆、影になっています。そのなかのひとりがあなたの方へ歩み寄ってきます。同時に、彼らの姿やエネルギーがはっきりと感じられるようになります。

⑧ 近づいてきた先祖に名前をたずねてみましょう。あなたのガイドであるかも問いましょう。そして、あなたに教えを与えてくれる存在かどうか確認してみましょう。質問の答えが満足いくものだったら、あなたが聞きたいと思っている質問をつづけてみましょう。

⑨ 聞きたいことをすべて聞いたら、先祖たちに感謝の気持ちを伝え、サークルを閉じます。

3

Spellcrafting Cycles and Magickal Timing

魔術の準備と実践—そのサイクルとタイミング

魔術は自然の摂理とともにある

この本で紹介する魔術は、わたしが長年にわたり「グリモワール」に書き綴ってきたものです。魔術の効果を最大限に引き出すことができるように内容を吟味し、適切な順番を考えて紹介しています。この順番は、それ自体がコード、あるいはパスワードのような役目を担っていて、わたしたちの内に眠る自然の力とエネルギーの源を解放することが可能なのです。

あなたがこれらのエネルギーの源とつながるとき、それが正しい順番とタイミングで行われるならば、受け取るパワーはより強力になります。効果的な魔術の準備と実践を行えるかどうかは、あなたが人生においてなにを創造したいのかについて、そして魔術を実行する正しいタイミングを理解しているかどうかにかかっています。

腕利きの〝庭師〟を思い浮かべてみてください。才能があって、あらゆる知識を持ち、庭の植物と波長を合わせることができる庭師は、間違っても秋にジャスミンを植えたり、春にかぼちゃの種を蒔いたりしないでしょう?

魔術も同じです。魔術とは不可思議なことをするからマジカルな出来事が起きるのではなく、あなた自身が自然のエネルギーサイクルに与えられた可能性を耕し、肥やしにした結果、現実に反映されるのです。

ですから、自然の摂理に反してワークを行ってはいけません。自然とともに、自然のサイクルとタイミングに合わせてワークをしてください。その成否があなたの魔術によって導かれる結果に大きな影響を与えます。

魔術の準備にとりかかったら、かならずあなたの「グリモワール」に魔術を行う日の月齢と月の満ち欠け（ルナフェーズ）を記録しましょう。そうすれば、月のサイクルと魔術がもたらす相乗効果を確認することができます。

ムーンサイクルと魔術を行うタイミング

月の満ち欠けや潮の満ち引きは長年人々によって観測され、聖なる知識として扱われてきました。月明かりが植物に及ぼす影響や、ムーンサイクルの変化が人々の行動にどんな変化をもたらすかを経験してきました。

魔術を実行するとき、月の状態を確認することで、意図した願いや目的が月のエネルギーによって大きくサポートされます。

ここで魔術と月の満ち欠け、ムーンサイクルの関係性について理解を深めましょう。

1 晦《つごもり》（ダークムーン）
隠れたものを明らかにするのに最適な日

月は目に見えず真っ暗な状態です。もちろん、月はいつも存在していますが、ダークムーン時（晦）には月が太陽と重なるため月光が地球上に届くことはなく、目でその光を捉えることはできません。

ダークムーンは多くの国で浄化の儀式をする日として大切にされています。真っ暗な暗闇が、次のルナフェーズまでに開放すべきことや、終焉を迎えるべきこと、あるいは達成すべきことをすべて浮彫りにしてくれます。ダークムーンは始まりと新しい成長を促すエネルギーなのです。

では、あなたがどんな願いをもったとき、このダークムーンというタイミングが魔術を実践するのにふさわしいか考えてみましょう。

まず、あなたが自身のより深い部分を見つめたいと考えるときや、もっと自分のことを深く理解したいと願うとき、手放したいものがあると感じているとき、クリアリングが必要だと思うとき、深く、長続きするプロテクションを望んでいるときなど、このタイミングが魔術を実践するのに適しています。

また、神秘的な現象を理解し、暗闇に関連する神々（ときにダークマザーと呼ばれることもあります）とつながることによって、ダークムーンはわたしたちのなかに隠されたものを発見する機会を与えてくれるでしょう。秘密を明らかにしたいときや、人間関係に終止符を打ちたいとき、不要な生活習慣を手放したいとき、悪癖を絶ちたいときには最適の日です。

〈満ちていく月〉

ダークムーンから満月へと向かう過程を総称してこう呼びます。月のエネルギーが少しずつ大きくなり増えていく様子を表す表現です。（ルナフェーズには含まれません）

2 【新月】

〝はじまり〟をサポートして欲しいとき

ダークムーンの後、夜空にとても繊細なシルバー色の三日月が見えたらそれが新月です。新月は、築き上げるエネルギーに満ちあふれていて、たくさんのエネルギーが集まってきます。新しいことのはじまり、たとえば新しいアイデアや新しい人間関係の種まきをはじめる時期です。恋愛関係においても新しい関係の芽生えを見いだすタイミングですし、新しいエクササイズをはじめるのにもよい時期でしょう。新月のエネルギーは「はじまり」をサポートします。

具体的には、会社で新しいプロジェクトを開始するとか、新しい仕事に就く（転職）、新しい恋、新居に引っ越す、家を探すといったことに関連する意図をこめた魔術を実践する最適のタイミングです。また、あらゆる変化を呼び込みたいときにも適しています。新月はとても優しいエネルギーです。新月の時期にワークをするスペルは、決意を固めて、心を込めて行うことでより望ましい結果へと導かれます。

3 【上弦の月】

エネルギーをふたたび活性化させたいとき

上弦の月のタイミングでは、設立、築き上げ、結束といった言葉がキーワードになります。この時期には、さまざまな出来事の結果がフィードバックされ、さらに努力を重ねることで物事の移り変わり、成長を実感し観察することが可能になります。新月に行った魔術が、上弦の月のこの時期に形となって表れはじめ、実現に向けて様々なサインを出しはじめる時期です。

新月のワークや魔術で放たれたエネルギーをさらに育てていきましょう。進行形のプロジェクトや仕事、財運のアップ、つながりができた人間関係などを再活性化させるのに適しています。

4 【上弦から満月までの月相】
目に見える成長を求めるとき

上弦の月から満月に向かって月が満ちていくクォーター（四分の二）をいい、はっきりと認識できる、しかも素早い成長や、さらなる進行が促される時期です。

キーワードをあげるとすると、アライアンス（提携）やバックアップ、資源、保管、記憶、供給、発展、進化、前進、開花、拡張などです。これらに関連する出来事や目的、意図をもった魔術が適しています。

5 【満月】
あり余るエネルギーをぶつけるタイミング

満月は〝パワーが最高潮〟に達するタイミングです。ありあまるエネルギーは明るく、すべての物事に影響を与え、それはあなたの感情や思考、行動すべてに広がります。満月はとにかくパワフルです！

スピリチュアルワーカーのなかには満月のタイミングで、手放すワークを行うことを勧める人もいますが、わたしはその意見には断固、反対します。なぜならそのパワーがあまりに強いので、リリースするための魔術を行うと不安定な結果を招くケースがあるからです。

過ぎたるはおよばざるが如し、です。行き場のないありあまるパワーは、けっしてよい結果をもたらしません。

恋人とのつながりをより深める、祝いごと、感謝を捧げる、ポジティブなエネルギーを受け取る、予言、広がりや拡大、エネルギーの創出、エネルギーの吸収（補給）などをキーワードとして考えるとよいでしょう。

〈欠けていく月〉

満月からダークムーンへと向かう過程を総称してこう呼びます。月のエネルギーが少しずつ減少し、ふたたび太陽に隠れるダークムーンへ向かう時期を表しています。（ルナフェーズには含まれません）

6 ［満月から下弦までの月相］

リリースを求めるとき

満月の後の下弦の月へ向かうこの時期は、感情、肉体面においてなにかを手放すタイミングです。素早くクリアリングをする、あるいはリリーシング（解放）を行うのに最適で、とてもはっきりとした結果をえることができます。

キーワードをあげるとすると、削減や減少、転換、変化、発散、ネガティブエネルギーや困難な問題の解消、リリース、クリアリング、浄化、手放すべきもの、などです。パーティーを開いたり、運動やダンスをして、感情や肉体に溜まったエネルギーを発散するのもよいでしょう。

7 ［下弦の月］

ネガティブエネルギーの解消を目指すとき

下弦の月は上弦の月同様、見た目はいわゆる〝半月〟ですが、エネルギーの方向性は真逆です。この時期は手放すものがあるときには効果があるほか、なにかを引き出すといったことにも有効です。たとえば、ネガティブエネルギーの解放や抑制などです。またエネルギーが出ていく時期でもあるので、悪癖を断つ、長年抱えてきた悪しき習慣をやめるのにもよいタイミングでしょう。浄化と解放の魔術に適しています。

キーワードは、放出する、解放する、デトックスなどです。また、家の掃除や、エネルギーのクリアリング、悪癖の解放などにも適しているでしょう。

〝1年の時の歯車〟と8つの祭祀

魔術は地球と天界の自然のサイクルに合わせて行います。世界各地では8つの伝統的なお祭が開催されています。その内4つは季節の移り変わりに開催され、残りの4つは宇宙とつながるための祭祀です。魔術を行うときには、これらのお祭のタイミングを上手に活用しましょう。

魔女の1年は、ハロウィーンからはじまると言われています。ここを起点として〝1年の時の歯車（Wheel of the year）〟の祝祭と魔術を実践するタイミングの関係について見ていきましょう。

1【サーウィン】Samhain
霊能力をアップさせたいときに

北半球／10月31日、11月1日
南半球／4月30日、5月1日

この日は魔女界の新年にあたる日です。霊が降りてくるこの時期、先人たちを思い出し、感謝を捧げます。収穫のときでもあり、暗闇に光を灯し、やがて訪れる寒い季節に向けて準備をはじめます。

この日は、一般にハロウィーンとして親しまれています。ハロウィーンはもともと、万聖節（諸聖人の日）の前夜を意味する All Hallow's Eve が語源になっています。

サーウィンは、キャンドルマジックや水晶占いなどの新しくはじまる1年を予測する魔術や、先祖とつながりをもつ魔術に最適な時期です。また霊能力を向上させるにも抜群のタイミングです。24ページで紹介した、先祖とつながるための魔術をこの日に実践してみてください。

この時期は、古代の賢者によるエネルギーが封じ込められるときなので、メンター、ガイドまたは後援者を見つけるための魔術がよいでしょう。

2【冬至（ユール）】Yule
ネガティブエネルギーからの解放を

北半球／12月20〜23日
南半球／6月20〜23日

1年でもっとも夜が長い日です。夜のエネルギーが増大し、多くの大陸で寒さが到来する季節です。この時期のエネルギーはゆったりとしていて、内にこもっているのが特徴です。潜伏し、冬眠し、エネルギーを温存します。北欧では冬至の日を盛大に祝い、太陽を呼び込むために、暖かさの到来を願います。

先史時代から存在する多くの遺跡は儀式に利用され

るだけでなく、冬至、夏至を観察するために建築されていました。イギリスのストーンヘンジがつくられた本来の目的もそこにあるといわれています。

冬至は寒い季節に絶たれた生命が再生する時期でもあります。キャンドルマジックや再生のための魔術、ヒーリング後の復活をスタートさせる魔術、未来を占う魔術、感謝を捧げるための魔術などがこのタイミングでお勧めです。

もしあなたがなんらかの喪失感を抱えているようなら、暗闇から抜け出すための魔術があなたを助けてくれるでしょう。ネガティブエネルギーを取り除いたり、空間を浄化するのにも適しています。

3 【インボルク】Imbolc

この時期の魔術のテーマは〝はじまり〟

北半球／2月1日、2日

南半球／8月1日、2日

成長、育児、若者、そして柔らかな新しい生命の息吹を運んでくれる春の到来を祝う時期です。インボルクは、古代ゲール語で〝羊のお乳〟を意味します。つまり、当時は動物の赤ちゃんの誕生をイメージさせる言葉で、生命の誕生や成長を表現したのでしょう。

インボルクのお祭はとても新鮮で活発で祝福に満ちあふれています。新しいはじまりがテーマであることから、そこに存在するエネルギーには純真で、研ぎ澄まされた感覚と純粋で優しい性質が含まれています。

この時期に実践する魔術のキーワードをあげるとすると、次のようなものになります。未来、新しい生活、若者たち、希望、夢、思いやり、世話をする、安心感、母、両親、教師、カウンセラー、専門職、変化、教育などに関連するものがよいでしょう。楽観主義や自己愛、優しさや新しい恋の始まりなどを創造するのにも適しています。

4 【春分（オスタラ）】Ostara

感情のバランスを整えるエネルギーを活かす

北半球／3月20～23日

南半球／9月20～23日

北半球、とくに北欧では伝統的に受胎や裕福、新しい始まりを祝います。オスタラという北欧の月の女神にちなんでその名がつけられました。成熟、発達、成人、入門などに関連づけられる希望と喜びに満ちあふれています。

　春分の日ですから、昼と夜の長さが同じです。この日を境に太陽の光は日に日に明るさを増していきます。暖かい季節の到来を祝う時期でもあります。

　伝統的に昔からキリスト教の儀式、イースター（キリスト教復活祭）と合わせてオスタラを祝うことを慣習としてきました。卵を運んでくる野ウサギとチョコレートなどの甘いお菓子が、この愛らしい北欧の月の女神への贈り物です。

　この時期に実践する魔術のキーワードは、感情のバランスを整える、平等さ、公平さに関すること、セクシャリティ、肉体的な力強さとフィットネス、健康と幸せ、正義、教育、公正取引、アバンダンス（繁栄）、友情、肉体改造、美、ガーデニング、アトラクションなどです。

5 【ベルテーン】Baltane
恋のサポートをお願いしてみましょう

北半球／4月30日、5月1日
南半球／10月31日、11月1日

古代ケルトでもっともセクシャルなこのお祭は、受胎の祈念を目的としています。〝明るい炎〟を意味するお祭は、開催中に灯される火を見つめることによって、人々の内なる炎がふたたび点火されるのです。

　この時期はペーガン（ウィッカ）の結婚、婚約のシーズンです。美しさや肉体美、欲望を祝うためのお祭です。ベルテーンは浄化の儀式を行う日でもあります。寒い季節が去り、動物たちが高地の草原に現れ、新鮮な野山の気配を感じとり自由に動き回る季節です。

　花畑には火が灯され、そこは恋人たちの出会いの場となります。現代風に言えば、友だち同士でバーやクラブでダンスを楽しみ、そこには笑いがあふれ、恋が芽生えることでしょう。

　こんな季節に行う魔術のキーワードは、まず、恋愛、恋人との関係です。そして、肉体や健康、欲望、パワーにフォーカスしたこと。また、着飾って大いに楽しむときですから、社会生活の見直しや新しい人間関係の構築、男女の交友（浮気も含め）など。さらにアバンダンス（繁栄）や幸運、繁栄もいいでしょう。

これらを意図して魔術を行うと、この時期支配しているベルテーンのエネルギーの影響を受けて、恵み多き結果をもたらすでしょう。

6 【夏至（リーザ）】Litha

幸運をもたらすパワーが活気づく季節

北半球／6月20～23日
南半球／12月20～23日

夏至は妖精のお祭で、喜びとお祝いムードたっぷりの光に満ちたフェスティバルです。1年で昼がもっとも長い1日を祝い、リラックスして水浴びをしたり、自分だけの時間を楽しんだり、仲間と過ごしたり、音楽、踊りに興じるなど、色とりどりの夏の花に祝福される日です。夏の空の下、くつろいで過ごすシンプルな日常のなかに歓びを見出すことを教えてくれます。

肉体的な力強さや健康、創造性、インスピレーション、友情がこの時期に行う魔術のキーワードです。この時期に催されるフェスティバルはどれも魅力的です。幸運をもたらすエネルギーが容易に活気づいて、現実に反映されるだけでなく人々を勇気づけます。

植物や木々、クリスタルとのつながりも一段と深くなるでしょう。この季節は花が太陽に向かってグングン成長するように、あなたのテレパシー能力も高まります。ただし、お祭を楽しみ過ぎる傾向にあるので、ハメをはずさないように自己管理をしっかりとしましょう。

7 【ルナサード】lughnasad

多幸に感謝しやがて訪れる冬に備えるタイミング

北半球／8月1日、2日
南半球／2月1日、2日

日が短くなり夜の時間が長くなりはじめるこの季節は、収穫の時期であり、春から夏にかけて大地で生命が育まれたことに宇宙に感謝を捧げ、多くの収穫がもたらされたことを祝うお祭です。そのために努力してきた自分たちをねぎらい、今この瞬間にもたらされる喜びを分かち合います。

ケルトの太陽神（光の神）であるルー（Lugh）を讃えるお祭でもあります。ルーはとても多才で、神としてさまざまな役割を担っていました。この時期は、人々に豊富に与えられる恩恵や幸運と、やがて訪れる寒い季節に向けて離れていくものの両方を楽しみます。幸運がもたらされたときは、その幸運を他者に分け与える、シェアすることを忘れてはなりません。また、紛争や論争についてもこのフェスティバルをきっかけに解決を試みます。

この時期に実践する魔術に関連するキーワードを列挙してみましょう。運命、成熟と成長、山と頂点、贅沢と快適さ、クレンジングと準備、計画などです。また、未来を見据えて計画を立て、構想を練る必要があると感じるときや、人間関係の修復が必要になるとき、また平和的に人間関係に終止符を打つ必要があるときも魔術を行う有効なタイミングになるでしょう。

8 【秋分（マボン）】Mabon 自分自身と向き合う時期

北半球／9月20～23日

南半球／3月20～23日

人々にとって、暗闇（冬）へ向かう季節は、これから訪れる厳しい季節に向けて肉体的にも、精神的にも力を蓄えるときです。夜の時間が長くなると、変化が訪れます。ときに別れという形でやってくることもあります。責任感や真剣さ、誠実さが求められます。

だれもが主役であり、自分のことをより深く見つめ、他者にとって価値ある存在であることを認識しなければなりません。ふたたび光に満ちあふれた季節が到来する直前のタイミングなので、エネルギーが不安定な時期でもあります。

この時期に実践する魔術のキーワードは、献身、エネルギー、独立、知性、実践的なこと、勉強、資格、自己向上、高度な成長、平和などです。また、不満に対して正義を行使する必要を感じたときや、決心をする前に自分の立ち居地をしっかりと認識する必要があるときは、このタイミングで魔術を行ってみましょう。

グリモワール・エクササイズ1 記録することの意義

次に訪れる「ダークムーン」の日から、グリモワール・エクササイズをスタートしましょう。

まず、あなただけのグリモワールとして使うまっさらなノートを用意してください。ここまでに紹介した毎月の月相（ルナフェーズ）と、〝1年の時の歯車（Wheel of the year）〟に沿って8つのお祭の日を記入しましょう。

それぞれの日にあなたがどんな感情をもったか、どんな気持ちになったか、その日のエネルギーにどんな感じを抱いたか、そして、あなたにどのような影響を与えたか、などを、その日に起きた出来事とともに記録します。

それぞれの日は、できるだけ多くの時間を屋外で過ごしましょう。月とともに瞑想の時間を持つことをお勧めします。そのとき、月からどのようなメッセージを受け取りましたか？　月のエネルギーをもつムーンストーンやセレナイトなどのクリスタルを使い、あなたが目指す魔術の方向性を考えてみるのもよいでしょう。

むずかしく考えないでください。このエクササイズは、純粋にエネルギーを感じるためのものです。月とともに過ごす時間が長ければ長いほど、ルナ（月の女神）の輝くような魅力を感じ、つながりを実感することができます。

4 ほんとうの魔術を実現するために

Intent is Not Everything

魔術って、必要？

　ほんとうのところ、人生のなかで魔術を積極的に創造したり、実践したりする必要なんてあるのでしょうか？　宇宙を信じ、すべて願いは叶うと思うだけではダメなのでしょうか？　もちろん、それもひとつの考え方ですが、もっと人生を謳歌してみたいと思いませんか？

　魔術の実践者たちが集結して、魔術に関する考えを徹底的に議論する、とても哲学的な内容の話し合いが長年にわたり行われてきました。その議論のなかで、繰り返し何度も俎上《そじょう》に上ったのが、〝意図することがすべてである〟というフレーズでした。

　わたしはこう考えます。たしかに、意図することはとても積極的な行動のひとつですが、それが「すべて」――唯一の大切なことではありません。

　ところが魔術を扱う人たちのなかには、意図すること以外になにもする必要がない、つまり、意図したことを現実に反映させるために魔術をつくったり、実践する必要はないと強く信じている人たちがいるようです。

決意表明して魔術を行う大切さ

　魔術に必要な材料を集める際に決意表明（宣誓）をせずに、あるいはしっかりとした学びや知識の向上を手にしないまま魔術を行った場合、それは単に強い願いを表明しているに過ぎません。魔術を行う際、きちんとした決意表明を自分自身に課して魔術を行ったときに初めて、魔術が創造されるのです。

たとえば、ダイエットをして筋力をアップし、早く走れるようになりたいと強く思うだけでは、その願いは実現しません。あるいは、筋力アップのためにジム用具をそろえるだけでも不充分ですよね。

こうありたいと強く願う思いの先に、「それを実現するために行動する」というコミットメント（決意）がないと成り立ちません。つまり、ダイエットして、筋力アップして早く走れるようになるために、ジム用具をそろえたら、実際にその用具を使って毎日トレーニングをしなければ、願いは叶いません。

魔術もまったく同じです。魔術に必要なツールをいろいろ買って、たくさんの願いごとを叶えたいと思うだけではなにもはじまりませんし、驚くような結果をえられることもありません。

「アクション（行動）を起こして、現実を創造する」という決意表明の上で、実際にアクションを起こすことで、結果が導かれるのです。

アクションを起こすときには、本当に心の底から決意表明をする必要があります。すると、いろいろな形で人生における物事に変化が現れ、想い通りの結果へと導かれていく自分を経験し、さらにその先に進もうという意欲が湧いてくるでしょう。

「では、アクションさえ起こせばそのほかにはなにもいらないんですか？」とよく聞かれますが、これについてわたしは、こう答えます。「いいえ、準備やツール、道具をそろえる必要があります」と。常にグラウンディングしている必要があり、物事に打ち込む姿勢が大事なのです。本当の魔術を創造するためには、決意表明をしっかり行い、下準備も怠りなくやって、そのうえであなたが意図したことを行動に移す必要があるのです。

ツールばかりそろえてもダメだし、なんの下準備もなく意図ばかり壮大な魔術を行ってもダメです。要するにバランスが大切だということを忘れないでください。

たとえば、3週間連続で魔術を行った後は、ツールも魔術もいったんすべて忘れることも必要でしょう。またあなたが常に自然とともにあり、センタリングされている状態であれば、大きな魔術を試みようが、小さな魔術を繰り返し行おうが、その成果が大きく異なることはありません。

上手にバランスをとり、あなた自身がグラウンディング、センタリングされた状態を常に維持し、自然とともに生きることを意識することが重要です。

“沈黙の魔術”のすすめ

なにかを成し遂げようと思うとき、この「願い」はとてもパワフルですが、魔術とは大きく異なります。

心底、魂からなにかを願い、さらに決意をしてアクションを起こすと、魔術に次いでパワフルなものになります。

願いを込めるときはいつでも（たとえば、バースデー・ケーキのろうそくを吹き消すときでさえも）、その願いはあなたの胸の内に秘めておくようにしましょう。ときに、自分以外の人に自分の願いを公言することで、その願いをすでに叶ったかのような錯覚に陥る場合があるからです。

もっと言うと、自らが行う魔術に関してもけっして他言しないことをお勧めします。もちろん複数名で行う場合や、信頼できる仲間と願いを共有することもあるかもしれませんが、だれそれ構わず願いや魔術を公言するのは常に控えるべきです。

多くの人はあなたが行う魔術についてどこかおかしいとか、バカげている、変わっているなどと思うでしょう。そんなことで、あなたの大切な時間やあなたが持つパワフルで美しいエネルギーを無駄にしないでほしいのです。

それはとても非生産的です。あなた自身も周囲の反応を受けて、自分自身に対して疑念をもってしまうかもしれません。あなたの感情レベルが魔術の結果に影響を与えるのですから、他者の疑念や意見、判断で感情を汚さないようにしてください。あなたの考えを貫き、そこに絶対的な信頼をおきましょう。

だれにも邪魔されず、“沈黙の魔術”を実践するために必要になる“聖なる空間”をつくる方法については基本篇の最後の項で紹介しています。

あなたの意識（心）を宣言する

「宣言する（マニフェスト）」というフレーズは、近年における魔術やスピリチュアルなワークにおいて頻繁に使われる言葉のひとつです。実際にたくさんの人がこの言葉を使っていますが、はたしてどのくらいの人が、「宣言する」という意味をしっかりと理解しているでしょうか？

宣言（マニフェスト）という言葉は、もともとラテン語の名詞〝manifestare〟が語源になっていて、目的、意義、行動または存在すること、を意味します。宣言するとは、ある物事の存在をはっきりと、疑いの余地なく「示し」、「公開し」、「産出し」、「掲示する」ことです。

1800年代に入って、降霊会（霊媒者を介在して霊魂とコンタクトをとる会）で霊魂が現れるようになってから、この言葉は精神主義に関連したフレーズとして扱われるようになります。

1980年代にはルイーズ・ヘイ（ヘイハウス出版創始者）によって、マニフェストという言葉はさらに人気を呼びます。ルイーズ・ヘイは世界的に名の知れた著者でありライフコーチです。彼女が癌に冒されたとき、体内に潜むガンに冒された場所を自分自身の力で見つけ出し、その部位と感情とのつながりを探し出すことによって、ガンを克服した女性です。

彼女が、従来までの思考パターンを変化させようと決心したときから、彼女の肉体はより健康になりパワフルになっていったのです。ヘイは、自分自身の思考でガンを明らかに（マニフェスト）し、思考を変えることで健康になったことを証明（マニフェスト）したのです。（※訳注／マニフェストは、日本語で「表われる」「宣言する」「証明する」「明らかにする」などいくつかの意味を持ちます）。

ルイーズ・ヘイは裕福な80代後半となったいまも、ヘイハウス出版創始者として活躍しています。

自分自身の「今」を知るために

魔女たちも同じように自分自身の行いや振舞が直接その人の現実にインパクトを与えることができます。つまり、魔術を行うことで現実を創造していくことができるということです。あなたが考えること（思考、心）が、現実になります。そして思考（心）が現実に反映されるのです。心で考えることと現実、というふたつの要素は切り離すことができない相関関係をもっています。

今日から1週間（7日間）、あなた自身の思考・心に注意を払ってください。あなたの心にどんな思考や考えが渦巻き、どんなことが心を占領してきたのかを、あなたのグリモワールに綴っておきましょう。書くことによって、自分がどんな考えを持っていたのか、そのときどのような思考に支配されていたのかを後から見直すことができます。さらには、思考の傾向、同じような考えを繰り返していないか、などを自覚するきっかけになります。

たとえば、わたしの現在の思考傾向は、すべての物事に対して〝～しなくっちゃ！〟と思ってしまうことです。

自分の思考をグリモワールに初めて綴りはじめたころのことです。なにか間違った考え方をしてしまったときに、そんな自分のことを〝バカじゃないの!?〟と思う傾向がありました。そして、他者に対してとても敏感に、自分以外のだれかがわたしのことを認めてくれることを望んでいました。

そのために、仲間といっしょにいるとき、わたしはほんとうの自分をさらけ出せずにいたのです。おおぜいのすばらしい友人たちに恵まれていましたが、わたし自身が友人たちの友情に対して自信をもって接することができなかったように思います。ですから、そのような思考と態度を変えていく必要がありました。

心の奥底からわき上がる思いを自覚する

ではここでエクササイズに取り組んでみましょう！　次にやってくる満月の日から始めるとよいでしょう。このエクササイズでは、自分の呟きを自覚し、その思いがあなたのどこから発生したものかを理解するためのものです。まずは1週間（7日間）、独り言を呟いたら、それをノートに記録しましょう。

声に出す、出さないにかかわらず、だれかに話しかけた言葉ではなく、あなた自身のなかからわき出てきた独り言や呟きです。

といっても、独り言や心の呟きばかりを意識しすぎて神経質にならないように！　記録するのは、とても力強いポジティブな思考からわき出た呟きとあなたが感じたものだけで大丈夫です。あなた自身がその呟きに力強さを感じるようであれば、その思いは潜在意識レベルからの声であることが多いものです。

最終的には、これらのパワフルな呟きを書き出すことにより、あなたの思考はさらに強化されて、一定の思考パターンを作り上げることになるのです。こうした思考はあなた自身のエネルギーに変化をもたらして、あなたの現実を作り上げる源になります。

7日間、パワフルな呟きや、思考を書きとめたら、あらためてそれらのフレーズや、言葉を客観的に眺めながら以下の質問について自問自答してみましょう。

Q呟きのなかで馴染みがあるフレーズや言葉はありますか？

Qあなたの家族のなかで同じフレーズ（言葉）を言っていた人はいますか？

Qあなたが呟いたことがあなた自身にプログラムされ、現実を作り上げているという認識がありますか？

わたしは、いわゆるニューエイジコミュニティで使われていた壮大でポジティブなアファーメーションに対して疑問を抱いていました。ポジティブなアファーメーションで、自分の思考をそれほど劇的に変化させることができなかったからです。

経済的に苦しいと自覚しているときに、自信をもって〝わたしはお金持ちである！〟と公言することができませんでした。わたしはそこに現実味を感じることができなかったのです。

わたしは、自らの思考を変え、よりよく生きていくために強くなりたいと願っていました。でもそれが、自分の弱さと向き合うことなく、また直面している現実から目を背けていては実現するはずがないと思っていました。もっとシンプルに自分自身と向かい合い、生産的で建設的に自分に自信を与えられるような方法を知りたかったのです。

このエクササイズであなたは自分自身のいろいろな側面を発見するかもしれません。そしてあなたの思考に変化が訪れたとき、あなた自身が変化し始めていることに気づくでしょう。最初はその変化に対して、なにか変な感じを持ったり、自分勝手な思い込みだと感じたりすることがあるかもしれませんが、エクササイズを続けてください。

満月の日から始めたら、次の満月までエクササイズを続けます。すると、今までの思考に上書きされた新しい思考の一部が、あなたの思考、肉体、エネルギーにプログラミングされ始めます。

このようにして、自分自身の思考を自覚することは、魔術を行う上でとても重要なのです。なぜなら、その思考があなたのエネルギーの質を高めるとともに、あなたの人生に確実に変化をもたらすからです。

エネルギーの質を高めよう

あなたのエネルギーのクオリティをアップさせることは、あなたの現実のクオリティ・オブ・ライフも同時に向上させることにつながります。つまり、あなたのエネルギーとエネルギーの特徴は、あなたの経験値からダイレクトに指示を受けたかのように影響を及ぼします。

たとえば、人間関係をよりよいものにするために魔術を行い、願いを現実に反映させたいと思った場合、仮にあなたの思考のどこかに、その効果に疑問を向ける想いがわずかでも存在しているとしたら、すべてを準備して魔術を行ったとしても、その結果は行き詰って安定性を欠くものになり、願いを思い通りの方向に導くことはできません。正しく魔術を行い確実に結果としてよい方向に反映させるためには、まず自分自身の思考をクリーンな状態にしてから、行わなければなりません。

プロの料理人が常に、料理をつくるときにはきれいに片づけられたキッチンで美味しい料理を作り始める原理と同じです。そこで初めてよりよい結果を導くことが可能になり、それまでに捧げてきた努力がしっかりとエネルギーとして保持され、前進する力になっていくのです。

この章を書き終えようとしている今、20年以上も前に記録したわたしの「グリモワール」を眺めていたら、そのなかにブッダの言葉から引用した一節がわたしの字で走り書きされていました。

〝わたしたちはすべて、わたしたちが考えたこと（思考）が結果となる。心がすべて。わたしたちは考えた通りのものになる〟

もうひとつあります。こちらは16世紀のヒンズー教国の王によって発見されたブッダの言葉で、世界中の多くのプラクティショナーたちに多大な影響を与えた哲学のひとつです。

〝アイデアがひらめいたら、ひらめきだけで終わらせるのではなく、そのアイデアを行動に移すことがより大切である〟

わたしはこれが大きな違いとなって現れると信じています。思考はとてもマジカルなのです。意図することは必要不可欠ですが、その先に行動があってはじめて力が与えられるのです。あなたのゆるぎない意図は、魔術を実践するという行動を通じて人生に息を吹き込みます。

マジカル・パートナー作りのすすめ

信頼できる、または同じ道、似通った人生を歩いている仲間たちと、心を開いて話をできる機会をつくることは、魔術を行う上でとても手助けになります。同時に、あなた自身が責任をもって行動することもサポートします。

なぜなら、あなた自身が行おうと思っていることが常に正しいとは限らないからです。真の友情を育んでいる信頼の厚い仲間たちが、お互いの魔術や行動を客観的にチェックし、それぞれ魔術で得られた結果を記したノートを比較したり、その結果に対して改善点がなかったかどうかなどお互いにフィードバックを受けたりする時間は大切です。

このように忌憚なく意見交換をできる間柄は、簡単に手に入るものではないかもしれませんが、出会いを大切にし、そこから育まれる友情を大切に扱うことで信頼できる仲間をつくることはできます。そして、そのような人間関係からお互いを気遣い、いつまでもよい友好関係を維持できるよう常にベストを尽くすことはとても価値のあることです。

真の友情は、経験をシェアし、寛大に相手に対して心を開き、相手の言葉に真剣に耳を傾け、気持ちや想いをシェアすることでお互いが成長してゆきます。独りよがりな発言や自慢ばかりしていては、信頼できる人間関係は築けません。ですから、継続してよい関係を築きたいと思えるようなすばらしい友人は自分自身で選ばなければなりません。

今までたったひとりで、魔術を行ってきた人にとっては、あなたの魔術に初めて共感を示してくれた人を真の友人だと思い込んでしまう場合があるかもしれません。そこは注意が必要です（もちろんそのようなケースもあるでしょうが……）。

充分に時間をかけて、じっくりと相手との友情、人間関係を確立し、永遠に持続できる友好なフレンドシップをつくり上げていきましょう。

5

The Elements of Spellcasting
魔術に必要なもの

祭壇をつくる

　あなたが集めてきたアイテムを使って祭壇をつくることは、とてもマジカルな経験になります。祭壇をつくり上げる工程では直感を大いに活用してください。5つのエレメンツ——大地、風（空気）、火、水、スピリットの、それぞれのシンボルを集めましょう。そのどれもが本当のあなたを物語る、関連深いアイテムであることがとても大切です。

　たとえば、美しい花やハーブ、可愛らしい模様が描かれたカップに入った新鮮な水や塩、キャンドル、そして、あなたの聖なる感情やあなたの真の姿を呼び起こすイメージなどです。

　精神的にも成熟した魔女になるということは、あなたのボディとマインド、スピリットすべての源にアクセスしつながることである、ということを常に覚えておいてください。あなたの祭壇は、このあなた自身のボディとマインド、スピリットを具現化して表現したものなのです。

　祭壇をつくる前に、当然のことですが祭壇を設置する空間が必要です。スペースの広さは関係ありませんので、お好みの空間をまず確保しましょう。祭壇をつくるスペースは、オイルやクリスタルなどの魔術道具を保管する場所としても利用するとよいでしょう。

　祭壇には、自分が影響を受けた人や、伝説や神話に登場する神々や女神などのアーキタイプ（原型）のイメージを飾るとよいでしょう。人によっては芸術家や詩人、スポーツ選手、哲学者などの写真を飾る人もいますよ！

魔術を行う祭壇とはこうあるべきという決まりごとはありません。なにより大切なのは、祭壇に置いたすべてのものがあなたに話しかけてくる、ということです。彼らは現在のあなたのことや、未来のあなたについて多くのことを語りかけてくるでしょう。

あなたに変化が訪れたとき、祭壇の模様替えをしたくなるかもしれません。そのときもあなたの感覚を大切にして、祭壇のアレンジをしましょう。

魔女の服装について考えよう

魔術を行うとき、あなた自身が魔術の一部となることで魔術の効果をより高める助けとなります。そのためのひとつのアイテムとなるのが服装です。といっても、服装が魔力に影響を及ぼす具体的な根拠があるわけではありません。しかし、魔女によっては魔術に適した洋服や、特定の魔術に特定のドレスを着ることによって、神秘的なインパクトを与えることが可能だと考える人もいます。

魔女のさまざまな装いのなかで特徴的なものをひとつ挙げるとすれば、ローブでしょう。古代から愛用されてきたアイテムです。現代風な言い方をすれば〝フード付きの洋服〟ということになるでしょうか。ヒップホップのミュージシャンやボクシング選手がローブをまとって登場する姿はだれでも思い浮かべることができると思いますが、それにつけても彼らの見た目はまるでドルイドそのものですね。

魔女にとって、フード付きのケープタイプの洋服はとてもパワフルなツールであり、しかもさまざまな意味で便利な装いです。たとえば、魔術を行うときには、頭（第1チャクラがある）を保護することは大事な慣習であると考えられます。

あるいは逆に、保護している頭部をしかるべきタイミングで露わにするというケースもあります。これは単にパフォーマンスや儀式をより劇的なものにする演出ではなく、ケープやフード付きローブは実際に魔術に対する気持ちに変化を投じてくれます。

また、あなたが屋外で魔術を行っているときは、ローブは寒さから身を守ってくれます。身を隠すツールとしてもとても便利で、ローブを着てフードをかぶっていたら、顔を認識することもむずかしいし、身体のサイズやローブのなかに着ている洋服も見えません。暗がりならその存在すら見えにくいでしょう。

つまり、ローブはあなたを守り力強さを維持してくれることになります。また、もしあなたが水や火、風などのエレメンツとともにワークをする場合には、ローブがあなたを安全に保護する役割を担ってくれます。

服装に封印される魔術の記憶

ローブ（ガウン）は、魔術の伝統の一部として長年にわたり受け継がれてきました。魔女やドルイドのポートレートの多くはローブを身につけています。それがいつのころからか、ローブはどちらかというと、神父や僧侶たちの象徴になっていきました。ただ、ローブの基本的なスタイルは変わることなく維持されています。

わたしたち魔女は、特定の聖なる魔術を行うときは、特定の洋服（人によっては裸で行う人もいますが……）を着ます。魔術で行うことも、身につけるものもすべてが魔女にパワーを与えます。そしてそこからエネルギーが創造されたり、時に圧倒されてしまうこともあります。

魔女によっては、特別なスペルキャスティングのときだけに特別な服装をする、という人もいますし、あるいは、マジックをするときには常に魔術専用の洋服を身につけ、魔術が終わってもしばらくその洋服を着たままですごす人もいます。

わたしもどちらかというとそのタイプです。ですから、わたしがふだん着ている洋服のなかで、魔術の記憶をまったく保持していない洋服はほとんどありません。つまり、洋服を通じて魔術のエッセンスを日々感じながら生きているのがわたしのスタイルです。

そんな洋服のなかでも、特別な儀式や魔術を行うときだけ身につける洋服は別に持っています。この洋服には、その魔術のためのエネルギーだけが封印されています。その洋服を着るだけで、特別なエネルギーを感じることができます。このエネルギーが儀式やスペルキャスティングをより意義のあるものに変え、わたしが現実の世界から魔術の世界へとしっかりシフトできるようサポートしてくれます。

あなたの洋服もこれまでに実践してきた魔術のエネルギーのすべてを記憶しています。あなたの行った魔術がポジティブで達成感があればあるほど、あなたの洋服にも同じエネルギーが染みつくのです。このプロセスは回数を重ねるほどに、とても大切な要素となります。

魔術を行うときになにを着るかは、その洋服があなたにとってどんな意味をもつかをよく考えて慎重に選ぶとよいでしょう。

あなたの大切なシンボルの使い方

【タトゥー】


経験豊かな魔女はときに、彼女にとって重要な意味をもつシンボルや、数字、記号などをローブに縫い付けています。

また自分の身体にタトゥーを刻んでいる人もよく見かけます。タトゥーは、昔から先祖とのつながりや、自分自身を保護する目的で活用されてきた歴史があり、魔術においてもとても重要な意味をもちます。

しかし、タトゥーは永遠に身体に残るので、あなた自身の責任において真剣に検討したうえで決断するよう心がけてください。身体の特定の場所に特定の目的を意図しタトゥーを刻むことによって、魔術の最中だけでなく、あなたの人生そのものに変化のエネルギーを呼び込むことができます。

またヘナや粘土などを使ったボディペイントもよいでしょう。これであれば一時的なものなので、魔術のときだけでなく、願望実現の際など自分の人生に変化をつけたいときに、意図をもって特定のシンボルを利用すると効果的です。

このときに気をつけていただきたいのは、使用する素材に充分に配慮することです。より効果的でパワフルな結果を導きたいときには、あなたが住んでいる場所の土を使って粘土をつくり、それを使うのがお勧めです。あなたが生活する地域の自然にはすでにあなた自身のエネルギーが多く宿っているからです。


【ルーン文字】

魔術にはルーン文字がよく使われます。ルーンは

２０００年以上前に、古代スカンジナビアの人々によって使われた書き言葉です。それぞれのシンボルは、象徴される意味、概念が含まれると同時に別個のエネルギーを保持しています。自分の肌にルーン文字を描いたり、キャンドルに刻んだりすることによって、そのシンボルがもつエネルギーを呼び出し、維持することができます。

　ルーン文字には奥深い歴史がありますが、あえて深い知識を身につけなくてもよいとわたしは思っています。敬意をもって誠実に、謙虚にルーン文字を扱うことがいちばん大切です。シンボルをすべて理解するにはとても時間がかかるので、まずは実践的に使ってみることからはじめるとよいでしょう。そのなかで多くの学びや発見を体験することができるでしょう。

【お守りとシンボル】

　エジプトやメソポタミアなどの古代文明のころからお守り（タリスマン）やシンボルは広く使われてきました。これらは単に自然の力を利用するという目的だけでなく、何千年にも及び信じられ、継承されてきた「信念」というパワーを手にすることになります。信じる心はエネルギーを創造します。

　長年にわたりわたしたちは魔術を実践しない日はありませんでした。たしかにそれらを信じていないかのように振舞う人はおおぜいいたでしょう。しかしそんな彼らでさえも、グラグラ揺れた梯子の下は避けて通

祭壇を飾る魔術道具

あなた自身の魔術道具はたっぷりと時間をかけて収集しましょう。
祭壇に飾るお勧めの魔術道具をいくつか紹介します。

コルドロン

魔女用の3本脚のなべ。5つのエレメンツをキープすることができます。使用する素材を燃やしたり、調合するのに使うほか、塩や土を保管する器としても使います。なべを支える3本の脚はトリプル・ゴッデス（三相女神）の3つの姿、少女・母親・老婆（※訳注／国によって名前は異なる）を意味しています。

ワンド

魔法の杖。あなたとつながりがある木の落ち木や枝を使って、オリジナルのワンドをつくることができます。ワンドはエネルギーの方向を定めたり、サークルをキャストするときに使います。

チャリス（聖杯）

聖なる水、祝福された水を入れる容器として使います。

キャンドルホルダー

祭壇を美しく飾るだけでなく、安全を確保するためのツールです。

火消し道具

火を消す際、魔女によっては、息を吹きかけて消すのを好まず、指先や火消し道具で消す人がいます。その方がキャンドルに込められた魔術のエネルギーを維持できると信じられているからです。ちなみにわたしは、息で吹き消したり、火消し道具を使ったり、そのときのエネルギーによって使い分けています。とくに扱うエネルギーを世界中に広める必要があるときは、息を吹きかけて消しています。

アサメイ

両刃の短剣。エネルギーワークを行う魔女にとってとても大切なツールです。サークルをキャストするときや、エネルギーのつながりを断ち切る際にもよく使われます。スペルキャスターのなかにはアサメイの代わりに、エネルギーの始まりと終わりの輪郭をより力強く描写することができる長い剣《つるぎ》を使う人もいます。

るでしょうし、亀裂の入った道路の真ん中を歩こうとは思わないでしょう？　人間は、ビリーバー（信じる者）なのです。ですから、人間が信じてきたものにはすべてパワーが宿っているのです。

長いあいだ魔術を扱ってきたわたしたちもそこに宿る魔力を信じています。

【ホルスの目】

魔術に使いやすく、しかも効果的に使えるシンボルといえば「ホルスの目」（または「ウジャトの目」ともいう）でしょう。このシンボルはプロテクション、一体感、健康のシンボルとして何千年ものあいだ使われてきました。

落ち込んでいるときや精神的にも肉体的にも傷ついたとき、あるいは病気になったときなどに使うと素晴らしい効果を得られるでしょう。そのほかにも、「なんだかしっくりこない」と思っているような曖昧模糊とした感情をもっているときにも、このホルスの目がさまざまな場面であなたを気にかけてくれます。

ところで、ホルスの目がそもそもなにかをご存知ですか？　エジプトの宇宙論（この世界と惑星と万物はすべてつながっているという考え）によると、エジプト神話の神トートがホルスの神を癒したと伝えられています。トートはホルスの失った目を復活させただけでなく、内なる目も目覚めさせて、危険やチャンスを見逃さない〝先見の目〟を与えたのです。

あなたを見守る〝ホルスの目〟のタリスマン（お守り）

Eye of horus protective Talisman

では、〝ホルスの目〟を使う魔術を紹介しましょう。古代からつづくとてもパワフルなプロテクションの魔術です。紀元250年ころにヘレナという名前のエジプト人女性が行ったエジプトの魔術が元になっています。ここで紹介するのは、それを現代風に少しアレンジした方法ですが、その効力は古代エジプトから継承されたものとなんら変わりありません。

準備するもの

- □ 羊皮紙または厚紙
- □ 深い青色のインクのペン
- □ 小さいボトル（またはフタ付きの小さいガラスの筒）
- □ 細い糸（またはベルベットの紐）

魔術の手順

① 羊皮紙または厚紙に、左に記した祈りの呪文を深い青色のインクのペンでできるだけ小さな文字で書き込みます。

癒してください
見守っていてください
警告してください
勇気づけてください
刺激を与えてください
わたしが目にするものはすべてクリアで
なにも恐れる必要はなく
このホルスの目のお守りとともに

あらゆる障害から守られています
ホルス、わたしを祝福しお守りください

Heal me
Look out for me
Warn me
Encourage me
Inspire me
Let all I see be Clear
Give me no need to Fear
Keep me safe from all Harm
With this, my wedjat talisman charm
Bless me, and protect me, Horus

② 用意したボトルを手にし、少しのあいだ軽く目をつむり、ホルスの目のエネルギーを感じてみましょう。守られている、愛に満ちあふれたエネルギーです。そして、力強く信念をもち、大きな声でホルスの目の祈りの呪文を声に出して読みます。これを3回繰り返します。

するとなんらかのエネルギーや波動を感じるでしょう。そのエネルギーこそが、ホルスのエネルギーがあなたのスペルに注ぎ込まれた証拠です。声に出すことによって、あなたの想いが宇宙とホルスに、より確実に届けられるのです！

③ 呪文を書いた手紙の裏側に、ホルスの目のイラストを描きます（54ページ参照）

④ 描き終えたら紙を小さくクルクルと巻いて、用意したボトルに入れます。フタをして、ボトルのフタまたは上部の細くなった部分にベルベットのリボンか紐を結び、首から下げられるようにします。出来上がった小さなボトルを首から下げるか、手首に巻きつけるなどしてこの日から9日間、身につけます。

⑤ 9日間が過ぎたら、ボトルはそのままあなたの部屋のドアや、ロッカー、クロゼットのなか、ベッドの脇などにぶら下げておくとよいでしょう。そしていつでもプロテクションが必要と感じたときは、このボトルに封印したホルスの魔

力を感じてください。いつでもホルスはあなたのためにやってきます。

もし、あなたが深刻な状態に陥っているときや、連続して不運に見舞われたとき、そして、あなた自身が極度に弱っているときには、ホルスの目をあなた自身の身体に描くのもひとつの方法です。

いちばん効果がある場所は、背中の中央、肩甲骨の内側辺りです。そこに描くことによって、物理的にホルスの目があなたを背後から見守り、守ってくれる状態になります。自分では描けない場所ですから、友だちや家族に手伝ってもらうとよいでしょう。

⑥ホルスに感謝の気持ちを捧げることを忘れずに。大げさにする必要はありません。ときどきでいいのです。

「ホルス、わたしのことをいつも見守り、守ってくれてありがとう。あなたの手助けによって、わたしはさらに強くなり、エネルギーを充電し、そのパワーを充分に受け取りあなたに守られているという安心感のなかで、自分の信念に従って生きていきます」

こんな内容でよいでしょう。できれば定期的にホルスと会話をし、感謝を捧げることで、あなた自身のエネルギーはシフトしつづけて、クリアな状態を維持します。耳は繊細に開かれ、健康でパワフルで、守られている安心感を常により強くもつことができます。

マジックを安全に行うために

スペルクラフトや魔術において、欠かせないものがあります。それは、サークルです。わたしたちが安全にマジックを行うために不可欠なものです。サークルはとても重要な役割を担っています。魔術を行うとき、わたしたちの意識は通常とは異なる状態に変化します。その変化はほとんどわからない程度の人もいれば、劇的にトランス状態に入るような人もいます。

このような状態のとき、わたしたちはふだんよりもエネルギーの影響を受けやすく、つまり不要なエネルギーや、ときに不健康なエネルギーを呼び寄せてしまうことがあります。そこで、自分自身をしっかりとプロテクション（保護）する必要があるのです。

　サークルをキャスティング（またはオープン）するということは、世界と世界の狭間にサークル（輪郭）を描いて安全地帯を設けることです。サークル内であればキャスト、クラフト、瞑想、マジカルワークを安全に行うことができます。いったんサークルをキャストすると、サークルにはどんなネガティブなエネルギーも入り込むことができません。あなたにとっての聖域であり、あなたの安全を保証する境界線です。

　サークルは太陽が回転する方向にキャストされます。つまり、北半球では時計回り（右回り）に、南半球ではその反対の反時計回り（左回り）になります。北半球でも南半球でも太陽は東から昇り、西に沈みますが、北半球と南半球では東から西に移動する経路が違います。

　北半球では、太陽は東から昇り、南の方角に移動して西に沈みます。一方、南半球ではその逆で、東から昇る太陽は北の方角へと移動してから西に沈みます。つまり、北半球エリアでは太陽は時計回り（右回り）に動き、南半球エリアでは反時計回り（左回り）に移動することになります。

　このようにして、わたしたちは太陽の動く方向に重ねてサークルをキャストすることによって、惑星の自然エネルギーの流れを呼び込んでいるのです。

　これはまったくの余談ですが、もし時計という文明の利器が南半球で発明されていたら、時計の針の動きは左回りになっていたということですね！

サークルをキャストする

　サークルをキャストする方法はシンプルなものからとても複雑なものまであります。スペルキャスターのなかには、キャスティングする前に空間を完全に浄化するために魔術を施す人がいます。一方でエネルギーが良いと感じるとどこでもシンプルに手軽にキャスティングを行う人もいます。ただ、魔術を行う場合、自分の家で行うことが多いでしょう。ですから、家のなかでキャスティングを行う場所を準備する必要があります。

　サークルをキャスティングすることの素晴らしさは、

なんといってもどこでも手軽に行えることでしょう。あなたのなかに流れるエネルギーはあなたがどこにいても、安全でパワフルな魔力に満ちた空間をつくる能力を備えています。

〈サークルを開く手順〉

① 東の方向を向いて立ちます。利き手を上に挙げ、手の先からより高い方向に伸ばしていきます。アサメイやワンド、剣を使ってもよいのですが、最初は手だけではじめることをお勧めします。

手先または人差し指の先からエネルギーが放出される様子をビジョン化（想像）します。心の目でそれを確認してください。そのときに、どのようなタイプのエネルギーを作り出すのかを自ら選択することができます。

練習として、まずはあなたから自然に放出されるエネルギーの特徴を確認するのがよいでしょう。指先から放出されるあなたのエネルギーは何色でしょうか？

異なる色のエネルギーは異なる特徴をもっています。色はその人だけのものですから、ひとりひとりのエネルギーの特徴は少しずつ異なります。

② 手先から放出されたエネルギーはあなたの周囲を流れるように取り囲んでいきます。身体の向きを、太陽が動く方向（北半球では右回り、南半球では左回り）に回転させます。そうするとあなたの周囲３６０度全方位が完全にエネルギーに包み込まれます。サークルによって、あなたとエネルギーが一体となっていることを確認してください。

③ あなたのサークルがすべて完全につながった状態、これがキャストされた状態です。さらにサークルを大きくあなたの上、下に広げ、サークルの球体のように大きくすることもできます。

エレメンツの召喚について

スペルクラフターたちは、伝統的に自分のサークルにおける方角ごとに決まったエレメントを召喚します。したがって、魔術を行おうとするとき、あなたが地球上のどこにいるとしても、方角――東西南北をわかっていなければなりません。その方角に応じてエレメントを召喚し、そのパワーとともにワークする必要があります。

　また、各方角のそれぞれを司るガーディアンが存在すると信じられていて、ガーディアンたちはこの世界の一部を守り、それぞれの方角に存在するエレメントやあらゆる生き物たちやエネルギー、人々を守護しています。

　ここでは北半球における方角とそれぞれの伝統的なエレメントを紹介します。一定の決まったエレメントだけでなく各方角に位置づけられた動物や、道具などの伝統的なツール、方角を司るエネルギーもすべて各エレメントに属すると考えられています。

東→空気、風
南→火
西→水
北→大地、土

　もしあなたがオーストラリアの東海岸に住んでいるとしたら、その土地に適したエレメントを召喚するのがいちばん効果的です。その場合は、以下のようになります。

東→水（海があるので）
北→火（いちばん暖かい場所）
西→大地（大陸の西側には広大な山々と砂丘が広がっている）
南→風（東海岸を通り抜ける突風や嵐）

　伝統的なエレメントを召喚する方法をとるか、それとも、その土地に合ったエレメントを召喚するかについては、あなたの直感で判断をしてください。しかし、各方角を守護するガーディアンはどこにいても同じです。

　最初はシンプルにはじめるのがよいでしょう。回数を重ねるにしたがって、自分なりに感覚をつかみ、より自分らしい、深みのあるパワフルな方法を見つけていくことができます。

　いちばんシンプルな方法は、東西南北の各方向を順番に向いて、以下のフレーズを唱えることです。

（東の場合）
東のガーディアンを歓迎し召喚します
水のエレメントを召喚し、今、このサークルに
ともに存在してくれるようお願いします

Hail and welcome Guardians of the East.
I call upon the element of Water to join me
in this circle now

たとえば、この場合であれば東のエレメントである「水」に関する言葉を追加することもできます。水があなたにとってどんな意味をもつのか、または水がもつ浄化作用について、水に関連する動物や女神たちのなかからあなたがともにワークをしたいと思う存在を伝えてもよいでしょう。具体的にだれを呼び、どんな目的と意図をもって魔術を行うのかをはっきりと伝えることが大切です。

このように、すべての4つの方角に対して、その方角を向き、短いフレーズを唱えてガーディアン、エレメントを召喚します。このときも、常に「東の方角」からスタートし、太陽がまわる方向（右回り）に順番に行います。

とてもシンプルな方法ですが、実践することによってそれぞれの方角にエネルギーがしっかりとアンカリング（固定）され、魔術を行うあなたをサポートしてくれます。

大切なポイントは2つです。最初に、あなた自身の手を使ってプロテクションとなる境界域をつくります。そして次に各方角のエレメントをその聖域のなかに召喚します。このステップを終えると、安全に守られた空間で、魔術を行う準備が整います。

サークルを閉じる方法

魔術をはじめるときと終わるとき、かならずサークルを開く、閉じる、という表現が出てきます。どんな魔術であっても、一度つくったサークルは、魔術が終了したらかならず閉じて作業を完了させなければなりません。

仮にそのままサークルを作りっぱなしにしておくと、あなたがそこで行った魔術は、そのサークル内にとど

まりつづけ、魔術の本来の目的を達成することができません。同時に、パワーも外の世界へと放出されません。

また、魔術で生み出したエネルギーもサークル内に封じ込められて、本来とは別の形でサークル内にいるあなたや、サークルに接触した人たちに影響をおよぼす場合があります。ですから、正しい魔術はサークルを開き、閉じることによって完了することを覚えておいてください。

サークルを閉じるには、まず、サークルを開いたとき最後に召喚したエレメントの方角を向きます。東→南→西→北、という順番でサークルを開いた場合には、北からサークルを閉じ、東で終わります。サークルを開いたときとまったく同じ方法でサークルを閉じます。その順番が逆になるだけです。

まずは最後に開いた方角を向き、その方角から召喚したガーディアン、エレメントに感謝をささげます。そして祝福をしながらお別れのフレーズを唱えます。(召喚するときと逆の意味のフレーズを唱えればＯＫです)。同様に次の方角に感謝をささげお別れをし、最後は東の方角で終了となります。

サークルの中心に立ち、上昇したエネルギーがゆっくりと消えていく様子を感じてください。サークルを閉じるときの回転方向は開くときと逆回りです。北半球では反時計回りとなり、南半球では時計回りです。

スペルキャスターのなかには、このとき、両手(またはアサメイやワンド)を上に広げ、エネルギーを自分のなかに取り込む人もいますが、わたしはサークルに召喚したすべてのエネルギーを、効果的に魔術に反映させたいので、自分のなかには取り込まず世界に向けてすべて放つことにしています。

6 Working Magick Alone
魔女はひとりで立ち向かうもの

魔女になる覚悟はありますか？

魔術は超常現象といった類のものではありません。たとえば、自然の現象に人間の力だけで途方もないような現象を起こすようなものであれば、たしかに超常現象というのかもしれません。でも、実際の魔術はもっともっとシンプルで、日常生活のなかで役立てるものです。

あなた自身がもつ可能性を引き出すために魔術は存在しています。それは名もない画家が素晴らしい才能を開花させていく過程に似ていますが、魔術はさらに世界に反映される美しさが追加されるのです。

魔術を通じてあなたは、あなた自身がだれであるのか、なにになるのか、なぜここにいるのかを学ぶ手助けを受け入れるでしょう。最終的にはあなた自身が自らの選択と判断によって魔術を賢く使い、あなたの人生を魔術によって紐解いていくのです。そしてこの作業は、あなたがひとりで実践すべき行いなのです。

魔女は、ときに俗世を離れた〝世捨て人〟などと呼ばれることがあります。もちろん同好会やサークルと呼ばれるような魔女のグループに出入りすることはありますが、基本的に魔術は、ひとりで実践するものなのです。しかも熱心にかつ、献身的に魔術に取り組む必要があります。

魔術を実践するには、忍耐と時間が必要です。あなたの進むべき道や魔術を通じて創造されるパワー、魔術を大切に思う気持ちは魔術とともに生きていくなかで育まれていきます。大げさな儀式ではなく、小さな魔術を日常的に毎日少しずつ取り入れていくことで、あなたの人生はシフトを開始し、エネルギーに変化が訪れます。そして内からの力強いパワーがみなぎってきます。

スペルキャスターになるには、あなたは自分自身の魔術に全身全霊をこめて行わなければなりません。あなたがあなた自身になること、それこそがスペルキャスターになることだからです。

魔女はこの惑星、そしてそこで育まれるすべての生命体とのつながりを感じています。そして自らの内に秘めた叡智とともに生きています。そして魔術を信じるだけでなく、魔術を「創造《クリエイト》」することができるのです。

これらのことを本当に理解し、自分自身に決意を表明するならば、だれでも魔女になれます。実際に、自らの意思に関係なく、すべての人は心の深い底に魔術のエッセンスをすでに持っています。

だれもが、自分から求めることで物事に変化を起こせたらどんなにいいだろうと心のどこかで思ったことがあるはずです。あなたの魔術へと向かう決意の根源はそこにあります。

わたしの魔術に取り組む基本的なスタンスは、魔術を行うことがわたしたちすべてにとって、魂にとって、よき結果になるという信念を基盤としています。そしてその上で、地球と、水と、呼吸、風、火すべてのエレメンツと深くつながることを手助けしてくれるツール、それがわたしにとっての魔術です。

ですから、言い換えれば自分を卑下することなく、他者を非難することなく、わたし自身が魔術を行う責任をしっかりと果さなければならないと思っています。

キャスティングを行うときには、自分に課せられた責任をより深く、より強く意識しなくてはなりません。なぜなら、キャスティングで投げかけた魔術は自分自身にインパクトをもたらすだけではなく、地球全体に影響するからです。

誓いの魔術
A dedication spell

この魔術は、あなたが正しい道を歩んでいけるよう手助けするための誓いの魔術です。魔術の実践にあなた自身を捧げることにフォーカスしています。もし魔術に取り組む心の準備が整っているなら、その決意を自分自身に宣誓する魔術を行います。

準備するもの

□ 塩
□ キャンドル
□ お香またはスマッジスティック
□ 聖なる水が入った小瓶
□ 羊皮紙（または紙）

魔術の手順

① まず、羊皮紙（または紙）に、あなた自身の手で、次の文章を書きます。

〝わたし（あなたの名前）は、自らの意思でわたし自身のために、すべてのためにマジック（魔術そのもの）、スペルクラフティング（魔術の創造）、キャスティング（魔術の実践）を学びます。魔術の法則を理解し、自分の意思をもって、だれも傷つけることなく実践します。

そしてわたしは自由になります。わたしの意図は純粋です。他者を支配するためにパワーを使わず、美しい人生を創造するために、自然の摂理とこの惑星のエネルギーとともにワークをします。

どうしても避けようのない状況でないかぎ

り、自分または相手の同意なきまま魔術を実践しません。当然ながら相手の同意や依頼なしで、他者をリーディングしたり、見解を相手に伝えることはしません。

3倍返しの法則を理解しています。わたしが創造したものは3倍になってわたしの元に返ってきます。愛、敬意、パワーによって創造されたものは、それらの波動フィールドを創り出すことを理解しています。そしてその逆も同様であることを理解しています。

すべての人の人生は聖なる存在で、この惑星と、この惑星に存在する生きとし生けるすべての生命もまた聖なる存在であることに敬意を表します。すべてを創造する源、それを引き寄せるパワー、平和を創造する自然のパワーに敬意を表します。

すべての存在によき結果を導くために魔術を実践することを誓います。それぞれが異なり独自であることを尊重し、非難することなく、しかししっかりと物事を見定めます。

この惑星、女神、神、そして自らに感謝を捧げ、魔術の魅力的な世界へと足を踏み入れます。〟

② 少なくとも20分くらいだれにも邪魔されずひとりきりになれる空間を確保します。屋内、屋外どちらでもかまいません。きれいな場所、美しい場所である必要もありません。大事なのは、あなた自身が落ち着いてひとりになれる空間に身を置くことです。

③ 塩、キャンドル、お香（またはスマッジスティック）、そしてあなた自身の手でつくられた聖水を用意します。

気持ちを落ち着けて準備が整ったという感覚が訪れたら、お香（またはスマッジスティック）に火をつけ、以下のフレーズを唱え、サークルを開きます。

ここに風の祝福あらんことを
As I do this I ask for the blessings of the air

④ あなたの暮らす場所が北半球なら時計回りに、

南半球なら反時計回りに、サークルを一周します。お香（スマッジスティック）の煙を手ですくい、歩きながらサークルに沿って煙を広げていきます。プロテクションを意図し、サークルに敬意を払います。

⑤つづいて、次のフレーズを唱え、火のエレメントを召喚します。

ここに火の祝福あらんことを

As I do this I ask for the blessings of the fire

　キャンドルに火を灯し、同じ方向に一周しながら、心のなかであなたを傷つける恐れのある何者も通り抜けることができない炎の壁を思い描きます。

⑥聖水を手に持ち、ふたたび同じ方向に一周します。サークルに沿って水をふりかけながら、フレーズを唱えます。

この日、この魔術に水の祝福あらんことを

I ask for the blessings of the water on this magick I work this day

⑦サークルの中心に立ち、羊皮紙（または紙）に書いた文章を声に出して読み上げます。

⑧読み上げた誓いについてゆっくりと再確認するために時間をとりましょう。あなたのハイヤーセルフとコミュニケーションをとる時間に充てるのもよいでしょう。自分自身に誓いを立てるこの魔術を行うと、ハイヤーセルフとのつながりが活発になる場合が多いからです。

　さまざまな魔術の実践を重ねるにしたがって、複数で魔術を行うケースも出てくるでしょう。そんなときにもこの誓いの魔術は有効です。おたがいのエネルギーがより深くつながります。同じ意識をもった仲間同士で行う儀式や魔術によって創造されたエネルギーはとてもパワフルなものになります。そしてあなただけではなく、その場にいるすべての魔女たちにも同様の癒しがもたらされます。

他者のために魔術を行うときのルール

読者の皆さんにここでお約束しましょう。あなたが魔術を実践しはじめると、遅かれ早かれ、だれかがあなたの元に助けを求めてやってきます。

これは魔女にとっての恩恵であり、ギフトです。なぜなら、あなたはすでに他者を手助けすることができるのですから。

ただその一方で、あなたはこのワークによって信頼を失うケースもあります。そんなことが起きないように魔術のガイドラインをしっかりと学び、あなたの魔術と誠実に向き合っていきましょう。

他者を対象にした魔術はもっとも注意しなければなりません。

他者のために施す魔術はそもそも不安定さを伴います。あなた自身のことではないので、エネルギーが不安定なうえに、意図する内容が曖昧になったり、かならずしも的確にピンポイントで結果を導き出せるとはかぎらないからです。

「友人のためにキャストし、的確な結果を導くことはできますか？」という質問をよく受けます。

わたしは、本人が直接、わたしに魔術を行ってほしいと助けを求めてきたとき、そしてその求めを、わたしがしっくり受け止めることができたときだけ、引き受けることにしています。わたしは、このように他者のために行う魔術に関してはとても慎重に取り組んでいます。

友人のためにスペルをつくることはありますが、わたし自身が彼らのために魔術を行うことはほとんどありません。友人のために魔術を行うということは、言い換えれば彼らのパーソナルパワーの受け渡しを行うことにもなり、それは友情関係にヒビが入る危険性も含んでいます。

ですから、仲の良い友人のためにキャストをするときには次のようなルールに従うことをお勧めします。

ルール① 他者から魔術を直接頼まれたときのみ実践すること

リーディングやアドバイス、魔術をしてほしいと直接本人から依頼をされていないかぎり、わたしはこちらからアクションを起こすことはありません。その理由が分かりますか？

あなたがもし直感力に優れているならすでに経験しているかもしれませんが、センサーが感じとるメッセージや波動には、自分自身のために送られてくるものだけではなく、他人のものも多く含まれています。他者のオーラが見える人もいるでしょう。

そんな場合、こうしたメッセージやエネルギー波動に頼って、それらを相手に伝えることで人間関係を築いてしまうとどんなことが起きると思いますか？

まず、相手は少しずつあなたから遠ざかっていくでしょう。頼んでもいないのに頻繁にアドバイスをされたいとはだれも思わないからです。

かつて、わたしにも同じような友人がいました。彼女は当時、心理療法士として訓練を受けている最中で、数多くのサイコセラピーセッションを開いていました。たしかにそれはとても素晴らしいことです。そして、友であるわたしにも無料でカウンセリングを受けてみないか、と提案されました。

その時点で、わたしたちの友情関係は大きく変化してしまったのです。

彼女はプロの心理療法士としてわたしにメッセージを伝えます。わたしは、彼女にアドバイスを求めるクライアントという〝役割〟を演じなくてはならなかったのです。それは、わたし自身の心の底からの願いではありませんでした。当時わたしは彼女の助けを必要としていませんでした。

彼女にしてみれば、その経験はプロとしての経験値を上げるために必要なことで、素晴らしい時間になったと思います。

しかし、わたしにとっては彼女との友情関係にヒビが入り、かつてのような良好な関係を築くのがむずかしくなったことを実感する経験でした。

ルール② 相手の依存心を高めるような魔術を行ってはいけない！

あなたが魔術を実践しはじめ、ポジティブな結果が現れてくるようになると、友だちはあなたにサポートを求めてくるようになるでしょう。

もちろん、それが相手からの純粋な希望であれば、相手のために最善を尽くし、キャスティングをする必要があります。

ただし、そのときに注意しなくてはならないことがあります。あなたが提供する魔術に依存しすぎないように注意することです。

友だちが自分自身の可能性やパワーに背を向けて、あなたが提供する魔術に100パーセント頼り、その魔術によって置かれている状況を改善しようと期待するような流れをつくってはいけません。

また、あなたに魔術をお願いするほとんどの人はあなたを信頼しています。

しかし、あなたが行った魔術によって、なんの変化も見られなかったとき、あるいは当事者本人が状況を変えるためにアクションを起こさなかったとき、きっと友だちは、あなたの魔術がまったく効果を生まなかったと発言するでしょう。

依存心が強過ぎる人や自己否定の強い人、自分自身を傷つける人とは、そもそも深く関わりあわないようにすることも大切です。

このような理由から、他者に魔術を提供することはとてもセンシティブでむずかしい問題を含んでいます。同時に、古代から神聖な行いとして実践されてきた魔術は、映画やファンタジーの世界で描かれるように、軽々に行うものではなく、とても奥深く、重要な意義をもつことを理解しましょう。そしてあなたは、そんな魔術を実践する覚悟をもつ必要があるといえるのです。

最後にもうひとつ付け加えておきましょう。もしあなたが、〝わたしにはなにも良いことなんて起こるわけがない！〟と思い込んでいる人に魔術を行うとどうなると思いますか？　その人の信念が魔術を通じて現実に反映されてしまうのです。そうです。本人が思うとおり、なにも良いことなんて起こらないのです。

グリモワール・エクササイズ②〝時間の輪〟について考えよう

時間の流れを一連の輪として考えてみてください。時間の輪は常に回転しつづけています。そして、一周して常に最初に回転がはじまった場所に戻ってきます。同じように季節はどうでしょうか？　ムーンサイクルや潮の満干は？

この世のなかには、一直線に前進するだけの時間軸では理解しがたい、あるいはつながりを感じることができないような宇宙のリズムとリズムに則った法則がかならず存在しています。

同じように、わたしたちの人生もただひたすらに前だけを向いて焦って走りつづけるだけでは、自然界から受け取るべき美しい恩恵を見逃してしまうのです。本当に素晴らしいギフトは時間をかけてわたしたちの元にやってきます。

魔術も然り。自然の摂理に基づき、自然のリズムのなかで最大の効果を発揮し、わたしたちにギフトを届けてくれます。そのギフトをしっかりと受け取るためには、忍耐と信頼をもって、的確なタイミングを見定めて魔術を行うことがとても大切です。

時間の概念に意識を集中し、自分がどのような時間軸のなかで魔術とかかわりをもっていくべきなのかをこのエクササイズで少し考えてみましょう。

時間に対して思慮深く接することは、魔術を行う際、常にあなたがセンタリング（ぶれない自分でいる）している状態で自然界とつながることをサポートし、それによって、グラウンディングされた状態を維持することが可能になります。

その結果、あなたの魔術が最大限の効果を発揮するのです。

7 Patience and Trust are Magickal 魔術を成功させる秘訣

小さな積み重ねが結果をつくる

わたしは魔術に関してよくこんな質問を受けます。

「魔術を実践したら、その魔力はどのくらいの期間で効果を発揮するものでしょうか？」

この質問に対して明確な答えを導き出すのはむずかしいですが、同時に確実に言えることがあります。どのくらいの時間で効力を発揮するかどうかついては人それぞれに異なります。

その人がどのような意図をもって魔術を実践したのか、そして、そのエネルギーはどのくらいはっきりとした目的と決意の元で呼び込まれ、さらにどのくらいの回数のワークを実践してきたのか、ということに大きく関係してきます。

忍耐強く魔術を行えば、それだけ魔術に対する信頼感とそのエネルギーが注ぎ込まれます。それが魔術の結果に反映されてきます。

つまり、手順通りに物理的に魔術を実践すればよいのではなく、どれだけあなた自身が心身ともに決意に基づいて、良いエネルギーの循環をつくり出し、魔術と真摯に向き合うかが、その結果を大きく左右するということになります。

魔術を行うタイミングもその内容によって異なりますが、多くの場合、魔女が魔術を行おうと決心したその瞬間からエネルギーが動きはじめ、影響を与えます。

魔術を行うために水を汲む、聖水をつくる、キャンドルに火を灯す、といったどんな些細なアクションでさえも、エネルギーは影響を受け、それらひとつひとつのエネルギーがすべてに集約され、目的に向かって方向が定められるのです。

こうしたエネルギーは実際にサークルをキャストする前の準備段階からすでに動きはじめています。そして、信頼と忍耐のエネルギーが魔術を後押しして、パワフルな結果に結びつくのです。

魔術が確実に行われたかどうかを知るのはとても簡単です。なぜなら魔術を正しく実行したとすれば、その瞬間から違いを感じることができるからです。つまり、その瞬間にすでにあなた自身がエネルギーに変化を起こしたことになります。

あなたがそのエネルギーの変化を感じ、これを持続するあいだ、結果は積み重ねられていきます。ですから、この場合には変化という結果を即座に感じることができたわけですから、魔術の結果は瞬時に得られた、という表現を用いても間違いではないでしょう。

丹誠こめて花を育てるように魔術と取り組もう

では実際、魔術の具体的な結果が最終的にどんな形で現れるのかというと、これはもうとてもゆっくり、そして少しずつ現れてきます。ときに、結果を実感できるまで、あるいははっきりとした変化が生み出されて状況に反映されるまでに数ヶ月かかる場合もあります。この場合も結果を導くことができている、と考えてよいでしょう。

魔術の多くは、「新しい仕事に就く」「裕福になる」「新しい人間関係を築く」など、具体的な成果を求めるものが多いので、少なくとも3ヶ月（ムーンサイクル3回）が過ぎたころにようやく少しずつ現実の生活に反映されてくるといった感覚です。こうしたケースでは継続的なエネルギーの循環が必要なので時間を要するのです。

魔術の実践には、忍耐と信頼が不可欠です。結果が出るまでにどれだけの時間を要するかは、その間、あなたがどんな日常の生活を送るかに掛かっています。結果のみに執着して疑心暗鬼に陥る人もいれば、魔術に意図したあなたの思いに沿って、あなたなりにできることをコツコツとやりつづける人もいます。

せっかく美しく魔術を実践し、魔力のエネルギーが流れるように放出されたにもかかわらず、その後、結果に対して疑念をいだいたり、不安感を募らせたりしたために魔術が台無しになったというケースはたくさんあります。

魔術の結果に対して疑いをもちはじめるとそのエネルギーは魔術に反映され、魔術そのものが不安のエネルギーに満たされます。一度、決意をして魔術を実践したその後は、魔力がゆっくりと時間をかけて熟成する間、余計な雑念や邪念に邪魔されないようにしましょう。

プランターに花の種を植えるときのことを思い出してください。はじまりはどんな種をまこうか考えるところからスタートします。お気に入りのプランターを用意し、丁寧に土を掘り、水と肥料をたっぷり与え、愛情をもって種をまきます。あとは芽が出るのを心待ちにしながら、楽しい気分で水遣りをするはずです。

芽が出るまでに、数日かかるのか数週間なのかは分からないけれど、愛情をもって育てていれば、きっとキレイな花が咲くだろうと確信をもって、その時間を楽しんでいるのではないでしょうか？

間違っても、種を植えたあとに、ちゃんと植わっているかどうかを確認するために、もう一度土を掘り起こして、種から芽が出ていることをチェックするようなことはだれもしないでしょう？

魔術の実践もまったく同じです。魔術を行ったあとに、魔術に対して疑問をいだいたり、結果がなかなかでないことにイライラを募らせると、結果的に魔術そのものを無駄にしてしまうことになるのです。

信じる気持ちがエネルギーを強化する

もしあなたが、どの魔術にもクリアでパワフルな結果を求めるのであれば、効力を１００％発揮する過程をたどっている、と静かに力強く、信じる気持ちを揺るがすことなくもつことです。間違いなく魔術は効力を発揮している、と自分自身に言い聞かせてください。ほんの少しでも「本当にそうだろうか……」といった疑念を感情に持ち込まないように注意しましょう。

疑念という名の雑草は一度顔を出すと、知らぬ間に根を張り、想像以上に広がっていきます。ですから、一瞬でもそんな疑念が脳裏をよぎったときは、すぐさまその感情を自分のなかからクリアにするよう心がけましょう。

多くの経験から言えることは、どんな魔術でも、なんらかの変化を実感できる期間として最低でも28日（月が1周する周期）は必要です。この期間に、魔術はしっかりと根を張り、現実化に向けて少しずつ形になっていきます。

たとえば、魔術を使わずに生活習慣を変えようとしたり、クセを直そうとしたりするときのことを考えてみましょう。2日や3日で達成できるものではなく、ある一定期間は辛抱強く、感情をリセットすることにフォーカスし、自分のエネルギーレベルを一貫して、習慣を変えるという目的に集中させる必要があります。魔術を行う場合もまったく同じように、辛抱強い忍耐力と献身する心が必要なのです。

わたしの経験から言うと、新しい仕事や新しい家、新しい恋愛など、人生における大きな変化を意図してキャスティングを行う場合は、それなりの時間が必要です。

宇宙ははっきりとしたエネルギー、しっかりとした意図を与えられれば確実にそれに応えてくれます。あなたは自分自身がなにを望んでいるのか、いつまでにそれを手にしたいのか、しっかりと問いかけ誠実に自分の心に耳を傾け、あなたが望んでいるものにフォーカスしましょう。

そして魔術を実践したら、あとは宇宙に任せて、結果に執着しないようにしましょう。

とはいえ、なにもせずに待っているわけではなく、種をまいたら芽が出るまでに毎日の水遣りが必要なように、生活のなかで魔術が実現するというゆるぎない確信を持ちながら、現実世界のなかでできることをしっかりと継続してください。

たとえば、良いアルバイトが見つかりますようにという願いを投げかける魔術を実践したならば、現実の生活でできることはなんでしょうか？　面接のときに提出する経歴書を見直したり、そこに書かれている自分の履歴、経歴に確固たる自信を持ち、あなたがバイト先でどんなことを提供できるのか自問自答してみるのがよいでしょう。

実践した魔術の結果に執着するのではなく、この魔術は実現するという確信の元に現実化までの時間を無駄に過ごすことのないようにしましょう。

実際にバイトの面接が決まったら、過信せずに地に足をつけて自信をもって自分自身に敬意を表し、面接を受けるのです。そうしたエネルギーは他者に伝わりやすいものです。あなたの魅力はしっかりと表に引き出されるでしょう。そして、採用が決まったあとの自分の姿を想像してみましょう。

あなたは自分自身の意志で働き、その結果として手にするお金というエネルギーによって、あなたの人生はしっかりと台地に根を張り自立したひとりの大人として生きている……、という姿をリアルに想像し実感してみてください。

肯定的な表現が大切な理由

魔術を実践すると宣言するときには、ポジティブな表現を使いましょう。たとえば、〝わたしはあのような上司のもとでは働きたくありません〟とか、〝もう二度と同じ失敗は繰り返したくありません〟という表現は避けなくてはなりません。

人間の潜在意識は実に単刀直入ですから、すべての発言に対してイエスと答えます。つまり、あなたが「～しない」「～はいらない」といったノーを含む発言をしたとしても、肯定的に捉えられてしまうということなのです。

もっと分かりやすく言うと、飼い犬に向かって「今日は散歩には行かないよ！」と言っても、あなたの犬は「行かない」という否定的な発言は潜在意識のなかで認識せず、「散歩」という犬にとって大切な単語だけをピックアップし、それに対して反応します。

ですから、前述の例を正しい表現で言い換えるならば、〝わたしは柔軟性と理解力があって尊敬できる上司のもとで仕事がしたい〟と宣誓したほうが、〝最悪な上司のもとでは働きたくない〟と言うよりは、はるかによい結果となって現れます。

ポジティブでパワフルな文章をつくること、それによってあなたの潜在意識と宇宙は、あなたが欲している物事を正確に、しかもはっきりと理解することができます。そして忍耐力と信念をもって、あなた自身の考えを発言すれば、おのずと魔術は成功へと導かれ、希望したとおりの結果を生み出すことができます。

ここで忘れてはならないことがひとつあります。もし魔術を行っている最中に、違和感を感じたり、明らかに間違いを犯したと気づいたときは、焦らずに最初からやり直してください。しかし、できればそのようなことが起きないように、事前にじっくり検討し、準備を万全に整えることをお勧めします。

魔術を成功へ導きやすくする〝許しのワーク〟

これまで魔術を実践してきたなかで、わたしは魔術をより効果的なものにするひとつの方法を発見しました。それは、あなたのなかにある、自分に、あるいは他者に向けられる怒りや悲しみ、嫌悪感などの負のエネルギーを〝許しのワーク〟をとおして、よりクリアにすればするほど、魔術を成功に導くことが多くなるという事実です。

怒りの感情が悪いエネルギーであると言っているわけではありません。悪いエネルギーどころか、時にクリーン&クリアの魔術を施すことで力強く役に立つエネルギーに変換されるケースが多いのです。

人は情熱と愛に執着するとき、そこに大きな変化が訪れます。それが、行動する動機となり最善を尽くすことによって良い結果へと導かれるのです。

なにかよくないことに対して怒りを感じたり、バランスを崩したときに現れる怒り、それらすべてがミックスされ、やりがいという愛情に変換されたときに人は大きく変化します。

ところが、怒りと憎しみに心の痛みが重なると、苦痛になります。そして、苦痛が常時あなたのなかに溜まった状態は、たとえて言うなら、毒の入った水で植物を育てたり、歪曲されたひどい文章ばかりの本を読んだり、地球に酸性雨が降り注ぐ状況に似ています。

これはとても不健康な状態ですよね。そんな不健康な状況で魔術を成功へと導けるわけがないことはだれの目にも明らかでしょう。

体内に滞っている怒りや裏切りの感情を、浄化しエネルギーを解毒するのは、月が欠けていく時期に、ゆっくりと時間をかけてやりましょう。

では、クリーン&クリアを実践する〝許しのワーク〟の具体的な方法をお話しましょう。

過去を引きずる感情をクリアする魔術

Clearing the energy of past unkindnesses in this life or others

わたしたちは、過去をふと思い出すとき、「あんなことを言わなければよかった……」とか、「なぜあんなことをされたんだろう……」というような悔恨や憤りをともなう辛い思いにとらわれてしまうことがしばしばあります。

そのせいで自分自身を責めたり、相手に対する不満や憎しみを捨てられなかったりして、長い期間、今に至るまで過去の感情を引きずるケースはけっして少なくありません。

すでに書いたように、こうした負の感情があなたのなかに滞留した状態は、さまざまなことに影響を及ぼして、魔術を成功へと導く大きな妨げになります。

そこで、こうした感情から一刻も早くあなた自身を解放して、魔術を成功へと導きやすい体質をつくる魔術をここで紹介しましょう。〝許しのワーク〟です。この魔術は、自分自身を許し、他者を許す訓練にもなります。

準備するもの

- □ あなたの想像力（関連する人や状況を思い描いてください）
- □ ビジョンで見えたこと、受け取ったメッセージを書くための紙とペン

手順

① サークルをキャストします。

② 傷つけたことのある相手を想像し、呼び出しま

す。実際に本人を連れてくるのではなく、イメージの上だけで行ってください。ビジュアライズ（視覚化）の練習です。もう二度と会わない人や、遠く離れたところに住む滅多に会えない人を選んだほうがよいかもしれません。

③気持ちを落ち着けて座り、呼び出した相手と会話をしてみましょう。あなたのかつての行動や口にした発言を批判するのではなく、自然にあふれ出る言葉に身を任せてください。どうして、相手にあのような行動をとってしまったのか、思い出しながら語りかけてみましょう。

④そしてひと通り会話を終えたら、相手に許してもらえるようお願いしてみましょう。あくまでもエネルギーレベルでワークをしているので、実際のその人との関係性において許される、許されない、という事実とは関係ありません。相手のハイヤーセルフとワークをしていると思ってください。

　相手からの許しのエネルギーを肌で感じるでしょう。そのエネルギーがあなたのなかに入り込み、あなたを自由にしていきます。

⑤自分のことを傷つけた相手とも同様のワークをする必要があります。こちらは少し時間が掛かるかもしれません。また時に、誤解が生じるプロセスとなる場合もあります。許しとは、「分かりました。あなたがわたしに対してしたことはＯＫです」と言うことではありません。なぜなら、その行動はけっして「ＯＫ」ではなかったはずです。

　許す、ということは、今でもあなたのなかに燃えている怒りや傷心のエネルギーからあなたを開放し、自由になることを言います。この許しのワークを施さないかぎり、ふだんは忘れたつもりでも、折に触れてその感情は、ふたたび浮上してくるものです。

　しかし、今はもう、そうした怒りや憎しみを背負っている必要はまったくありません。早く自由になって、魔術を成功へと導きやすい体質を整えましょう。

8 神々の助けを借りる

Working with Deities

オープンマインドで神々の世界に足を踏み入れてみよう

この本で紹介した魔術の多くでは、女神や神々を召喚し、サポートを依頼する内容のものが数多く含まれています。

女神や神々、とくに古代の神々を召喚するということとは、いったいどういうことを意味するのでしょうか。彼らはパワフルで原始的なエネルギーを保持しています。そんなエネルギーを深い泉の底からからひっぱりだす、ということなのです。

神々はそれぞれ、独自の個性的なエネルギーを保持しています。また女神や神々には、それぞれシンボルや関連する動物の存在があって、時にそうしたシンボルの姿をして昼夜を問わず登場する場合もあれば、月の満ち欠けのリズムに合わせてつながりやすい状態になることもあります。

彼らは、とても個性的な見た目をしています。あなたが瞑想しているときに、ビジョンや直感的なフラッシュ映像として見えたり、夢のなかに登場したり、花や木々、動物といっしょに自然のなかに現れたりすることが多いです。

「神々は実際に存在するんですか？」

こんな質問を頻繁に受けます。〝魔術の実践者〟のなかには、特定の神の性格や側面をアーキタイプの存在として認識している人もいれば、逆に、神々は実在し目に見える存在である、と信じている人もいます。多くの魔女たちは、神に投影されるわたしたちの一部分を確認し、神の資質を自分のなかに見出したいときに神々を呼び出します。

ですから、神々はわたしたちの内にも外にも存在しているという考え方は、わたしたちの祖先を敬い、崇拝する気持ちと、現代のトランパーソナル心理学（自己超越の概念を発展させて個を超える領域への精神的統合を重んじる心理学）をミックスしたような、より現代的な視点で捉えたところから出てきたのでしょう。

神の存在に関してどのような信念をもっていようとも、神とのつながりには常に愛や尊敬する気持ち、大切に思う心、そして敬愛の念が介在するところは変わりません。

神とのワークはとても謙虚で奥ゆかしい経験です。なぜなら、神を通じて最終的に内なる自分のガイドとサポートを受け取ることになるからです。

それはとてもパワフルでしかも深いつながりを伴います。勇気がみなぎり、常に守られているという安心感があり、とくに気持ちが揺れているときや、精神が弱っているとき、人生の岐路に直面しているときなどは、サポートを受け取った実感をより強くもつことができるでしょう。

心を開き、オープンなマインドで神々の世界に入り込んでみましょう。

この本には読者の皆さんがよく知る神や女神がおおぜい登場します。彼らはとにかくエネルギッシュです。

そんな神々や女神についてそれぞれの特徴を簡単に説明しました。次に書いた召喚の方法とともに参考にしてください。

神々を呼び出すチャンティング

Calling on a God or Goddess

神とつながり、サポートを依頼するのにもっともシンプルで手軽な、しかも華麗な方法があるとしたら、それは召喚したい神の名を呼びながら供え物をすることです。

一度ではなく、名前を何度も繰り返し口にすることで、実際に神の存在を身近に感じられるマジカルな経験ができるでしょう。

神々の名前をチャンティングすることで、そのエネルギーとつながり、波動を共鳴させることによってより自分らしく存在することが可能です。そして、それはとてもすばらしい体験です。

神々との良い関係を確立するには、実際に声に出してもいいし、心のなかでもいいので心をこめて、心の底から名前を呼んでください。

そして自信をもって、神々とつながってください。少しでも疑念をいだくと、思うような結果をえることはできません。

あなたがそこに投じるエネルギーの大きさに比例して、神との関係は豊かになり、あなた自身もパワーアップしていきます。

ワークをともにする神々のことを知ろう

（五十音順）

アイネ……………………**Aine**

パワフルでミステリアスなアイルランドの女神。さまざまな姿をしています。基本は光（月と太陽）と水とともにワークをします。あなたが自らの直感、第六感とより深くつながることをサポートし、実践的に活用できるようサイキック能力を開花させてくれます。

アテナ……………………**Athena**

戦いと正義、政治を司る女神。鎧を身につけて武装する、とても知的な戦略家です。アレスと異母兄弟で、母は女神メティスです。世話好きで、思慮深く、明瞭な思考を母から受け継いでいます。

アバンダンティア……………………**Abundantia**

繁栄、豊穣のローマの女神。豊潤なエネルギーをあふれさせ、それを確実に活用することをサポートします。あなたが自己投資したものが幸運と祝福に満ちていることをたしかにしてくれます。

アフロディーテ……………………**Aphrodite**

ギリシャの愛と官能の女神は、色気、自己受容を喚起します。自分の美しさ、魅力を表現するのに自分なりの方法を見つけ、建前や他者からの評価にまどわされることなく、真の美しさを実感するサポートをします。

アポローン……………………**Apollo**

空高く存在する太陽（太陽神ヘリオス）を自分の戦車に引っ張り込んだ、ギリシャ神殿随一の力持ち。苦痛を強いられても約束を断固として守り貫く神です。はっきりとした意図をもって彼にサポートをお願いすれば、光り輝く素晴らしい結果が待っているでしょう。

アマテラス……Amaterasu

優美な日本の女神アマテラスの名は、〝天で光り輝く存在〟という意味を持ち、母なる存在として崇拝され敬愛されています。太陽神であり、わたしたちが光り輝く存在であることを知らせ、暗闇や悲しみから抜け出すサポートをします。

アリアンロッド……Arianrhod

ウェールズの女神は、夢や直感的な知識を提供し、制約があるなかで最善の選択をするにはどうしたらよいのかを教えてくれます。どんな苦境でも、とくにイジメや傷つけられた経験をしているとしても、彼女ならあなたが内に秘める力強さと先を照らす光を見出し、助け出してくれるでしょう。

アルテミス……Artemis

ギリシャの女神は、直感が鈍ったときにつながるととても効果的です。若く、活気にあふれ、野生的で気性が激しい一方で、とてもピュアでクリーンなエネルギーをもつ女神です。信頼できる女神として最高の存在です。動物や若い女性にとくに深い愛情を注ぎます。

アレス……Ares

力強く活発な古代ギリシャの神。体育の授業、身体測定、スポーツなど肉体に関してパワーアップしたいときに呼び出すととても効果的です。肉体面以外では、リーダーシップ能力をアップしたいときにも有効です。彼の肉体的なタフさを必要とするときは、呼び出してサポートを仰ぎましょう。ただし、短気で血に飢えた性格なので、あなたまで過激になりすぎることがないように、くれぐれも慎重に。そして本当になにを学ばなければならないのかをしっかりと見据えてください。

アンドラステ……Andraste

古代イギリスにおける戦いと勝利の女神。あなたが抱える矛盾や葛藤を解決してくれます。共通の興味を持ち彼女を味方につければ、ひとりで問題解決に挑むよりもよりパワーアップします。

イシス……Isis

エジプトの魔術の女神です。１万もの異なる顔をもっています。思いやりがあり、温かく包み込む心の優しい女神ですが、パワフルな一面もあって、夫のオシリスを死から蘇らせ、太陽神ラーを病気の苦しみから救いました。薬、読み物、知識の女神でもあります。人生で大きな打撃を受けたときや、傷ついたとき、悲しみによって精神的ダメージを負ったときは的確なアドバイスを授け、傷を癒し、あなた自身を取り戻すサポートしてくれるでしょう。

イリス……Iris

夜明けのメッセンジャーとして知られる彼女のパワーは古代ギリシャ時代から崇拝されてきました。希望、理解力、目覚めをもたらし、疲れた心を楽しませてくれます。自分の言葉にパワーと癒しの効果があることを見いだすことができ、その落ち着きと希望に満ちた影響力は他者にも伝播します。

エレン……Elen

およそ２５０万年前から存在するイギリスの女神。わたしたちの魂が向かうべき道を照らし、進むべき方向へ導いてくれます。路頭に迷ったときに大いなる助けになるでしょう。変容を促し、変化と挑戦の時を切り抜けるためのサポートをしてくれます。

エロス……Eros

ギリシャの愛の神はとてもパワフルです。彼のエネルギーに酔ってしまうほどです。力強く、原始的で、男性的なパワーです。愛にどっぷりハマりたいときや、逆に燃え上がりすぎた愛を少し冷ましてもらいたいときには、彼にサポートをお願いするとよいでしょう。エロスのサポートはかならずしも万人向けにお勧めできるものではありません。時にそれは耐えがたいくらい強烈で、怒りや痛みと祝福とエクスタシーを同時に体験することになります。

オーディン……Odin

的確な言葉とクリアなコミュニケーションを必要と

するときはオーディンを呼んでください。古代スカンジナビアの父なる神であるオーディンは、とても力強い、決断力に優れたリーダーです。紛争、口論、葛藤、矛盾などを正しい方向へ向かわせて解決します。長老の真面目さと強固さを備えたエネルギーなので、忍耐力もあります。紛れもなく真のリーダーで、知恵とコミュニケーションと戦いに優れた腕前を発揮します。

ガネーシャ……Ganesha

象の頭を持つヒンズー教の神は、そのパワフルな力であらゆる壁を乗り越えます。とても社交的で人間の手助けが大好きです。教育、旅行に精通していて、深く幅広い叡智、賢智、記憶力の高さで有名です。人間関係の解消を手助けし、辛い苦しい思いをすることなく悲しみを克服できるようサポートしてくれます。

カリ……Kali

生と死を司るヒンズーの女神。血まみれのナイフを手に持ち、ガイコツのネックレスを首に巻いた姿で表現されることがあります。これは、彼女の凶暴性を象徴していて、人生における古いものを破壊することを意味します。彼女とワークするときは、なにかしらの崩壊を経験します。いじめ、ストーカー、虐待などで悩んでいるときには彼女にそれを止めてもらうようサポートをお願いしましょう。彼女が救いの手を差し伸べてくれます。

カリアッハベーラ……Cailleach

ケルトの老婆女神は、痩せ細った恐ろしく陰鬱な姿をしています。大地に冬を創造し、弱き者に死を与えます。しかし、彼女の辛辣で手厳しい魔術にもギフトが握られていて、時間とエネルギーを稼ぐ協力をしてくれます。ただその一方で、タフな決断を強いることもあります。とても強いエネルギーを保持する彼女には、サポートを依頼するときにしっかりと感謝の気持ちを捧げましょう。

観音……Kwan Yin

慈悲と思いやりの女神。観音のエネルギーはこの上なく洗練されていて、優しく、温かく、愛に光り輝き、さらに愛情豊かで平和的です。痛んだ心を和らげ、どのような状況にあっても輝きと目覚めをもたらしてくれます。どんな愛をも許し、嫉妬することなく、弱まることなく、苦痛に苛まれることなく、わたしたちを偉大な愛でサポートしてくれます。

ケリドウェン……Ceridwen

ウェールズの女神で、女王としてだけではなく魔女としてもよく知られています。極端に過保護な母親でもある一方で、知識、言語、長寿を授かる魔法薬アーウェン（Awen）の調合師としても有名です。さまざまな姿形に変化することができるため捕まえることが困難です。試練に挑み、イニシエーションを通じて詩を創造する女神で、わたしたちが本来どんな自分であるべきなのかを教えてくれます。

ケルヌンノス……Cernunnos

ケルトの原生林の王者は、角が生えた神として知られています。雄ジカ、動物、狩猟に関係しています。強い影響力と繁殖力があり、活力みなぎる神で、守護、扶養、調和などの特性があり、女神たちにとっての愛人でもあります。

サターン……Saturn

立ち向かわなければならないことに直面しているとき、一切の楽しさを提供することなく、あなたを成長させるために動き、強要します。とても厳格な親分肌で、真面目でユーモアのセンスはまったくありません。

ジュピター……Jupiter

ジュピターはエネルギー的にローマのゼウス神と同一視されています。幸運と発展を創造するだけでなく、人間としての成長や、より大きなパワーと繁栄を身につけることをサポートします。

セクメト……Sekhmet

ライオンの頭をしたエジプトの女神。とても残忍な性格で、バステトと強い関係がありますが、セクメトの方がバステトよりも10倍のパワーを秘めています。ラーの娘であり、燃えさかる目で敵を焼き尽くしてしまいます。太陽の表面と同じくらい熱く燃えていて、無慈悲で破壊的な炎を武器とします。戦士として敵に回すともっとも恐ろしい存在です。プロテクションや勇気を必要とするときに彼女を呼び出してください。

ソー……Thor

スカンジナビアの父オーディンの息子。運動神経はいいけれど衝動的な性格で、無敵のハンマーを使って目の前にある障害物をなんでも破壊してしまいます。時に物事がうまく進まないときや停滞しているときなど、思い切った行動に出る必要があるときにサポートを頼むと大いに助けになるでしょう。とても愛される存在で、復活がむずかしいと思えるような苦境でもそれを実現させるパワーの持ち主です。

ダイアナ……Diana

ダイアナは母であり子育てのプロです。大いなる安心感を与え、健康とパワーを復活させます。満月に関連があり、とてつもないヒーリングパワーの持ち主です。

タリエシン……Taliesin

コミュニケーションが必要なときや、自分がちょっと野暮ったく感じるときには、光輝くウェールズの神を呼び出しましょう。タリエシンはアーウェンまたは聖なる霊感を天性として授かっているので、あなたが言うべきことを抱えているときに詩的な表現で伝えられるようサポートしてくれます。また、動物や鳥、木々、自然とのつながりを促してくれます。彼はあらゆる言語を扱うので、他言語を学びたいときや、あるいは他言語を理解したいときにも助けになるでしょう。

デメテル……Demeter

ギリシャの偉大なる母女神は、季節の創造主であり、豊作を呼び込む豊穣の神です。生誕や死、人生、来世の守り神であり、ギリシャの太陽暦に沿って彼女を祝う盛大な儀式が行われていました。母親としての温かさや成長、秘密の暴露、家族との強い絆などをサポートします。

テュール……Tyr

時折忘れられた存在として扱われてきた古代スカンジナビアの神テュールが現代に戻ってきました。テュールは、人々の未来を守るために大きな犠牲を払いました。右腕を失う代わりに世界を崩壊へと導く対立する勢力を結合させたのです。つまり彼を呼び出してサポートをお願いするとき、恩恵は自分だけではなく他者にももたらされ、また同時に問題解決のためにあなたにもその代償を求められることがあります。

トート……Thoth

トートはエジプトの神でライティング、レコーディング、歴史など書物、書くことに長けています。知的で思慮深く偉大な外交官です。聖なるトキの頭をもっていて、言語、書き言葉やエジプトによく見られる象形文字を発明しました。言葉を使って自分を表現する、なにか書くことの必要性を感じているときにトートとつながると大いなるサポートになるでしょう。書類の処理や法的な書類、契約書類などを処理するときにもアシストしてくれます。彼は仲介者で、容姿を通してその人の本質を見抜く力をもっているので、あなたの現状になにが必要なのかを発見する手助けをしてくれます。

バウボー……Baubo

パートナーとの関係において悲しみが伴うときや、怒りのエネルギーを抑えきれないとき、あるいは相手が聞く耳をもたないときなどは、ギリシャの女神バウボーを呼び出し、ふたりの関係を修復し、笑顔あふれる関係に導いてくれるようお願いしましょう。

バステト……Bast

猫の姿で描かれることが多いエジプトの女神。機敏なネコのように身のこなしが軽く、セクシーで自立した女神です。感情に流されることがなく、堂々としています。月と関連が深い彼女は、〝夜の目〟としても知られ、際立った防御力と縄張り意識をもち、とくに夜は若い女性たちを見守るといわれています。ネガティブエネルギーを消滅させ、侵入者や侵略者を怖がらせることもできます。

ハトホル……Hathor

とても美しいエジプトの女神。あなたがより望まれる存在となり、魅力的で自信をもち、繁栄するようアシストします。鏡を使うのがこの女神の特徴なので、自然にかもし出される美しさが増すように、鏡を見ながらハトホルの名前を呼んでみましょう。

ヒナ……Hina

ハワイの蝶の女神は、感情的になることなく真実のみを伝えてくれます。込み入った内容の真剣な会話を成立させたいとき、そしてその会話が感情的になりそうで心配なときはヒナを呼ぶとよいでしょう。彼女は、あなたの心からあふれ出る美しい感情を表現し、打ちのめされることがないようサポートします。

ブーディカ……Boudicca

現在のイギリス、東ブリタンニア、ノーフォーク地域に住んでいたケルト人部族、イケニ族の女王。ブーディカは、イギリス軍と協力しローマ帝国に対し反乱を起こしたことで有名です。多くの戦いで勝利を収めたにも関わらず最期は捕らえられ抹殺されてしまいます。しかし彼女の勇敢さと苦境における正確で迅速な決断力が称えられ、勇気、決断、正義、挑戦を象徴する女神として崇拝されるようになりました。

ブリジッド……Brigid

後に聖女ブリギッドとして崇拝された古代アイルランドのトリプル女神です。詩、鍛治、鉄工、動物、女性、出産、新しい人生、看護、癒しの泉に関連した女神で、幼いころはブリード（またはブリー）と呼ばれていました。彼女を祝うインボルクのお祭が有名です。

フレイヤ……Freya

北欧の女神であるフレイヤは力強く、サポートと活気のエネルギーに満ちています。フレイヤから愛のエネルギーを送られたバイキングたちは、彼女といっしょにいるためならだれもが命を投げ出す覚悟だったといいます。とても美しく、自立していて、パワフルでチャレンジ精神旺盛です。美しさと、琥珀のゆるぎないエネルギー、そしてヒーリング能力に優れています。自分らしくありたいと思うとき、自分を取り巻く人間関係のなかでおたがいを敬う関係でいたいと願うときなどは彼女を呼ぶとよいでしょう。

ヘカテ……Hecate

ギリシャのトリプル女神のシンボルは鍵、松明、聖なる炎、そして猟犬です。岐路に立ったときに最善の選択ができるようサポートしてくれます。猟犬に対する愛情は彼女の守護、ガーディアンの特性を象徴しています。もうひとつの象徴である鍵は夢とアンダーワールドの神秘を紐解く鍵です。〝ヘカテのウィール〟というシンボルを持っていて、このウィールとともに人生の輪（ウィール）をサポートします。暗闇の女神として崇拝されています。

ペルセポネ……Persephone

農業の女神デメテルの娘であるギリシャの女神。春、花、新しい息吹を告げます。彼女自身が〝蕾〟の存在で、将来のあらゆる可能性を象徴します。成熟をサポートし、両親あるいは親しい関係からの自立を促す女神です。

ヘルメス……Hermes

的確な言葉を的確なタイミングで発しなければならないときはヘルメスにサポートしてもらいましょう。とても知的で行動が素早いので、ヘルメスを呼ぶときは準備万端整えてからにしましょう。テレパシー能力を向上させたいときはヘルメスがサポートをしてくれます。

ペレ……Pele

色気、ダンスを象徴するハワイの女神。罪と背中合わせの情熱、怒り、抑制できない感情、自信喪失などに対応します。火山、オブシディアン、クリスタル、ペリドットと深い関わりをもっています。ダンスに長けていて、火の上でも平気で歩き、自制することができない激情の気性の持ち主です。

モリガン……Morrighan

アイルランドの女神モリガンは、戦いに臨んでは戦士たちを大声で鼓舞して興奮状態にさせ、戦場に出れば剣を持って敵の鎧を貫いたといいます。決断力に優れるモリガンのエネルギーに触れると、アドレナリンが一気に放出され、彼女の引きつけるパワーには抗うことができないようです。カラスの羽でしつらえたマントを羽織っているので、サポートを依頼したときは、〝黒い羽〟に遭遇すると彼女からのメッセージとサポートを授かることになります。

ヤヌス……Janus

とてもまじめなローマの神。始まりと終わりを象徴しています。ふたつの顔を持っていて、ひとつは過去、ひとつは未来で、ふたつの世界の入り口を見守っています。

ラー……Ra

壮麗なエジプトの太陽神です。ラーの目が太陽になっていて、すべての生命と人間のパワーの源がそこにあります。人生を呼び込み、激しく燃焼させ、すべてを見守っています。

ライアノン……Rhiannon

ケルトの女神は、自由、旅行、自己判断を教えてくれます。非人道的な関係や不当な処罰から逃れる人生を送っていて、彼女の自己判断力、決断力はその過程で培われました。愛を分かち合い、母親を全うし、人々の世話をします。また鳥のさえずりに関連があります。

ラクシュミ……Lakshmi

ヒンズーの女神ラクシュミは繁栄と美を人生に呼び込み、満足感や達成感をもたらしてくれます。ちなみにわたしの家の庭には穏やかな表情をたたえる美しいラクシュミの銅像があります。

ルー……Lugh

ルーにサポートをお願いしたいときは、ただ太陽の下で静かに座っているだけでよいのです。太陽の光にあたることを怖がらないでください。ケルトの神のひとりであるルーの特徴は、その手にかかればどんなことでもたちまちスムーズに運ぶということです。つまり、マルチタスクでいくつものことを同時に進行する手助けをしてくれます。困難なタスクに対しても、〝〜ねばならぬ〟という義務感から開放して、楽しく興味深い案件だと感じられるような軽やかさを授けてくれます。

ワルキューレ……Valkyries

ワルキューレは戦場に〝終わり〟を運ぶ女性的存在の複数神です。戦場に倒れた戦士の死を定め、勝敗を決するのがワルキューレの役目です。そして死を宣告した戦士たちを女神フレイヤの元へ連れて行って戦いに参加させるか、戦死者の館ワルハラに連れて行き、オーディンによる裁きを受けさせるかのどちらかを宣告しました。彼女らは〝終わり〟を運ぶと同時に栄光もサポートし、勝者の元にのみやってきます。どんな理由であろうと、もしあなたが〝終わり〟を迎えなければならない問題を抱えているとき、ワルキューレはあなたをサポートしてくれます。カラス、白鳥、馬とつながりがあります。彼女らとともにワークする経験は心から喜びを感じるものになるでしょう。

9

〝聖なる空間〟のつくり方

Creating a Sacred Spellcasting Space

エネルギーが心地よく流れるあなただけの空間作り

知り合いの家とかお店、公園や庭……。そこに足を踏み入れたとたん、なんとも言えない安心感に包まれたり、居心地のよさを感じるような経験をしたことはありませんか？　そんな空間ではだれもが長居したくなるものです。反対に居心地が悪いと感じる空間や、なにかが違うと感じる場所では、できるだけ早く立ち去りたいと思うでしょう。

こうした感覚は、実際、日々の生活で経験していることですが、居心地が良い空間と、居心地の悪い空間ではいったいどこが違うのでしょうか。仮にその場所に聖なるスピリチュアルグッズがあふれていたとしても、エネルギーがきちんと循環し、流れに乗っていなければ、相変わらず居心地は悪いままです。肝心なのはエネルギーの循環なのです。

まずはこのことを知った上で、あなたが魔術を行うときには、健全なサポートと活気あふれるエネルギーが必要になるということを覚えておいてください。

魔術を行う〝聖なる空間〟に入るときには、あなた自身がポジティブなエネルギーに包まれていなければなりません。的確なエネルギーとともに自然のなかでワークすると、気持ちのよさや居心地のよさをより実感できるでしょう。

しかし、天候によってはいつも屋外でワークができるわけではありません。屋外と同じような聖なるエネルギーに包まれた環境を室内につくる必要があります。そこで、簡単なしかも居心地のよさを実感できる聖なる空間作りの方法を紹介しましょう。

聖なる空間のメンテナンスは家事と同じ感覚で

部屋の配置と管理はクリエイティブな作品作りに似ています。あなたが心をこめて整えた空間であれば、一歩そこに足を踏み入れるだけでそこに安らぎを感じるでしょう。

浄化された空間、そこに流れる音楽、選び抜かれたインテリア、そして空間に充満する愛、すべては異なるエネルギーをもっています。聖なるスペースをつくるときには、あなただけにフィットする、あなただけのエネルギーをつくりあげるのが大事です。

聖なるスペースのすべては、あなたが安全で居心地がよく、刺激を受けることができ、平和を感じられ、なによりもそこに存在することであなた自身と深いつながりを感じられる場所であることが大切です。

そのためになにが必要なのかをあなた自身が考え、創造し、管理し、環境を整える必要があります。そして気持ちが高まるようなスペースをつくります。その部屋にいると落ち着いて眠りこんでしまうとか、刺激的すぎて興奮してしまうような雰囲気は不要です。

多くの人は、自分が常に過ごしている空間で異変が起きると、雰囲気の違いを直感的に感じることができます。こうした直感は自然に肌で感じるものです。ですから、自分の聖なるスペースを常に気にかけて、小さな異変を感じたらメンテナンスを心がけましょう。

わたしは自分の聖なるスペースの異変を正し、バランスを維持するためのワークは、日常の家事（掃除やゴミの片付け）と同じ感覚で毎日取り組んでいます。マジカルなワークを行うと、それなりに不要なエネルギーや残存エネルギーが発生するので、常にこうしたエネルギーをクリアに浄化して、聖なる神聖な領域を維持することが大切です。

聖なる空間を浄化するタイミング

あなたの聖なるスペースに少しでも居心地の悪さを感じたら、すぐにクリアリングをしてください。クリアリングは日常的な作業にしてしまうことをお勧めします。そのほか、特別なタイミングで行うクリアリングもあるので、箇条書きにしてみましょう。

・空間になにか執着しているようなエネルギーを感じとったり、煮詰まった感じがある場合には、満月から新月までの月が欠けていく時期にクリアリングを行うとよいでしょう。

・新月は、新しいエネルギーを呼び込みます。部屋や家全体を祝福するのに最高の日です。

・満月はエネルギーをパワフルに増大させる日です。満月のエネルギーはとても強いので、わたしの場合満月のエネルギーとワークをする直前に少しだけクリアリングを施します。満月の日は、エネルギーを増大させたり、クリアしたりするためのワークを行うというよりは、魔術そのものを行う傾向にあります。

波紋効果

　聖なる空間であなたが行うすべてのことは、あなたの周囲にいる人全員にも影響を及ぼします。3倍返しの法則を覚えていますか？（17ページ参照）。魔術は、いろいろな方面に向けて〝波紋効果〟を生み出します。この波紋効果は、聖なる空間では若干抑え気味になりますが、エネルギーが新しく入れ替わり、活気が復活し、精神的・肉体的・スピリチュアル的な健康を呼び込みます。

　家族と住んでいる場合には、その家に住む人全員に波紋効果が広がります。そうでない場合でも聖なる空間に選んだスペースはもちろん、そのほかの部屋や家全体にも影響がおよびます。

　空間にはエネルギー的なゴミや、過去から残存するエネルギー、出来事の記憶、そしてその家や部屋に長い年月をかけて蓄積されたエネルギーなどが染み込んでいるので、空間浄化を施してもしばらくはその存在を感じます。またその空間が位置する土地からの影響も、家全体を覆っています。基本的に、住人が抱える多くの葛藤や問題は、平和的に愛で満たし、心からスピリチュアルに誠実に向かい合うことで解決されます。

　部屋によってはめまいがするような感覚を覚える空間があったり、一定のエリアでは気が遠くなるような感覚になるスペースがあるかもしれません。部屋や家の問題ではなく、地域が問題を抱えている場合は近所の住人にも同じような経験がある人がいるかもしれません。これらは、すべてそこに住む人が不調和を創造しています。

もし、住人が幸せではない状態、問題を抱えている、病床に伏している、あるいは単に人として嫌われている、ネガティブな感情を抱えている、といった場合、それらは周辺にも影響を及ぼし、ネガティブなエネルギーが雲状に広がっていきます。その根源がどこにあろうとも、あなたは自分自身の空間のクリアリングや浄化と、バランス調整のワークを行いましょう。

新しい家に引越しをしてきたときにも、空間の浄化と、エネルギーのクリアリングをぜひ行ってください。自分の空間を自分でクリエイトするのはとても大切な行いです。

ただ、ここで行うクリアリングの作業は、空間にもともと存在するエネルギーを完全に追い出そうとするのではなく、どちらかといえば、あなた自身のエネルギーで満たすというスタンスで行ってみましょう。

ホワイトキャンドルで空間クリアリング

White candle space clearing spell

空間の浄化をしたいスペースで20分程度、ひとりになれる時間をつくります。この魔術は、外部からの影響を受けない環境であればあるほど、効果が高まります。

準備するもの

- □ 白いキャンドル
- □ ちりばめる程度の天然塩
- □ 聖水

手順

① キャンドルを設置し、その周りに天然塩を、浄化とお払いの方向（反時計回り）にまきます。

② キャンドルに火をつけ、最後まで燃焼させます。炎があらゆる不純なエネルギーを取り除き、空間をクリーンで落ち着いた、可能性を秘めた聖なる場所へと変えてくれます。

③ キャンドルがすべて燃焼したら、燃え残った蝋と塩を集め、土（植木鉢でも可）に埋めます。その上からさら塩と聖水をかけ、エネルギーが土のなかで安全に変容できるようにします。

スマッジスティックをつくろう

How to make a smudge Stick

スマッジスティックは古代から受けつがれ、世界中で使われてきた魔術道具です。煙を使い、不健康なエネルギーを変容させ空間を浄化します。魔術界において長年、実践されてきた方法をあなたも試してみてください。

準備するもの

□ 新鮮なハーブ

種類はどんなものでも構いませんが、ある程度の長さがある新鮮なもの。短くカットされたものや半乾燥させたハーブは使いません。自分で栽培したものであればなお良いですが、身近で市販されているもので差し支えありません。

ハーブは種類によって独自のエネルギーをもっているので、主なものの特徴を書きだしてみました。参考にして準備してください。

バジル／学生や勉強が必要な人に最適です。記憶力とクリアな思考を創造します。

グランドファーザー・セージ／ネガィテブエネルギーをパワフルに浄化するハーブの王道です。

ラベンダー／落ち着きと安らぎをもたらし、癒しとなごやかな空間を創造します。不眠症の場合にお勧めです。

マジョラム／豊かで活気があります。クリアな思考に導きます。

ローズマリー／記憶がクリアになるだけではなく、ポジティブな記憶を強化し、賢い選択を手助けします。

タイム／妖精のエネルギーに関連し、健康で活発、生き生きしたエネルギーです。

つくり方の手順

① ハーブを湿気のない風通しのよい場所に吊るして乾燥させます。それだけで、美しいエネルギーが放出されます。束にしたハーブの根元をリボンや紐で3回巻きつけて結びます。逆さまに吊るせるように結んだ紐の端は少し長めに残しておきましょう。

② 3日間ほど乾燥させたら、吊るしておいたハーブの全体を100%コットンまたはシルクの糸でぐるぐると棒状に巻きます。根元はしっかりときつめに巻いて、先端の方は若干緩めがよいでしょう。

③ ゆっくりと先端に火をつけて、素早く炎を消したらくすぶらせて煙を立たせてください。水の用意を忘れずに。

④ これでスマッジスティックが出来上がりました。家のなか、あるいは聖なる空間のクリアリングをはじめましょう。スマッジスティックを手に持ち自分の前にかざして、反時計回りに回ります。不要なエネルギーが詰まっていると感じる場所や居心地の悪い場所などがあれば、念入りに煙を充満させます。

⑤ エネルギーが浄化され空間がリフレッシュされたと感じたところで終了です。1回の使用でスマッジスティック全部を燃焼させる必要はありません。

（「実践篇」につづく）

魔女の手引き

魔女が教える魔術の基本と実践スペル

発行日　2015年8月2日　初版第1刷発行

著者――ルーシー・キャベンディッシュ

翻訳者――住友玲子

発行者――森 弘毅

発行所――株式会社 アールズ出版
〒113-0033
東京都文京区本郷1-33-6　ヘミニスⅡビル
〔TEL〕03-5805-1781
〔FAX〕03-5805-1780
http://www.rs-shuppan.co.jp

装丁・組版――中山デザイン事務所

印刷・製本――中央精版印刷株式会社

ISBN978-4-86204-276-7 C0011

The Secret Grimoire of Lucy Cavendish

魔女の手引き
GRIMOIRE

魔女が教える魔術の基本と実践スペル

［実践篇］

アールズ出版

さあ、魔術をやってみよう　実践篇

10

Seven Spells in Seven Days
1週間の7つの魔術

1日ひとつ、7つの魔術を1週間つづけてみよう

魔術を日常に取りいれた新しい人生を本気で創造しようと決めたとき、準備に向けた一連の行動や、投じたエネルギーは、すべて結果に反映されます。心と魂をすべて魔術に集中すれば、その意識は「決意」という形でエネルギー変換され結果に導かれます。そしてやがて人生に変化が訪れるのです。

Wicce（ウェッケ）という言葉、そしてそこから織りなされるエネルギーのことを覚えていますか？　ウィッチクラフト（魔術を創造、実践する者）として、エネルギーを折り曲げ、編み込むことで投じられた魔術の材料は、すべて宇宙にゆだねられ、あなたを大いに祝福してくれます。

あなたが魔女となることはつまり、エネルギーに変化をおよぼす彫刻家になることであり、クリーンで直感的で決定的な材料を用いて、誠実でありながらもリラックスして楽しい状況のなかで力強く現実に変化をもたらします。

この一連のプロセスをはじめるにあたって、まずはあなたの人生に劇的な変化をもたらすためのとてもパワフルな1日ひとつ、7つの魔術とともに1週間を過ごしてみましょう。

この練習は、実践的な魔術の練習になるだけでなく、1週間のそれぞれの曜日の個別のエネルギーを感じる練習にもなります。カレンダーに並ぶ365日にはそれぞれ1日ごとに異なるエネルギーをもっていて、魔術を行う際にも日によってそのエネルギーは独特なものになります。

ここで紹介する１週間の７つのスペルはあなたの人生に大きな変化をもたらします。もちろんこの魔術にパワーとエネルギーを注ぎ込み、情熱と決意をもって行うことが必要です。なぜこのワークを行うのか、自問自答してみましょう。魔術を行わずに、ただあるがままの状態で、あるがままの環境に身をゆだねたい、と感じてしまうときなどは、とくにこのような問いかけが大切です。

魔術を行うと決意した気持ちを持続させるひとつの方法として、仮に計画したことが「間違った」方向に変化を遂げようとしていると思えたとしても、「それで大丈夫」と自分に言い聞かせ、スペルに絶対的な信頼を置くことです。スペルを１週間継続するという決意をあらためて確認しましょう。新しい決意を通じて、新しい人生を創造し変化をもたらすための練習です。ですから、たっぷりとそこにエネルギーを注ぎこんでください。

でも、けっしてむずしいことではないということも知ってください。むしろ、楽しみにあふれています。スペルを行うごとに新しいスキルを身につけられ、多くの恩恵を受け取り情報を収集することができるワクワクする時間になることでしょう！

そして、あなたが感じたことや受け取ったことなどを忘れないうちにグリモワールに記入するようにしましょう。これは魔術のあと、毎日、毎晩かならず行ってください。

【月曜日】
マンデー・ギフトは“聖なる活動”

月曜日は１週間のなかでもっとも神秘的な１日です。物事をはじめるのに適した日であると同時に、能力が試される日でもあります。これは、月曜日（MONDAY）という言葉が、MOON-DAY（月の日）を意味しているように、美しく力強い月の女神、ルナのエネルギーを保持しているからです。

月曜日は、水面下にあるすべてのものが上昇しますから、たとえば秘密や隠しごと、明らかにされるべきことなどが表に出やすい日です。また、霊力

が活発になるときでもあるので、直観力が冴えわたり、脳裏にふと浮かぶ映像などがいつもに増して鮮明だったり、あなたの意識が必要以上にそこに集中させられたりするでしょう。言い換えれば、アイデアを形にするとか、直感とともに物事の進展を図ったり、女性性と深く関わったり、内なる女神との対話を楽しんだり、といった静かなる活動が月曜日にもたらされるギフトなのです。

さてそんな月曜日に行うスピリチュアル演習は、想像力、創造性に触れることです。スペルを行う月曜日の月相（ルナフェーズ）と満ち欠けをまずは確認しましょう。月明かりは魔力を一段と高める大切なエッセンスであるとともに、月明かりのなかで過ごすことで自然界とより深くつながることで想像力が増し、心身ともによい影響を及ぼします。

シルバーまたはパステルメタリック調の洋服や上着を羽織ることで、昼夜を問わず、月のエネルギーとつながりやすくなります。

マンデー・メディテーション

この瞑想ワークはたったの５分で終わります。

ゆったりとした白い洋服を身にまとい、床または椅子にリラックスして座りましょう。膝の上に手のひらを上向きにした状態で軽く置き、親指と人差し指で輪をつくります。こうすることによって、エネルギーが内側に流れ込みます。

ゆっくりと深呼吸を繰り返し、静かに自分自身の存在を感じましょう。いろいろな思考があふれ出てきても、それらに惑わされることなく、川を流れるように深呼吸とともに思考の流れに身を任せます。

数分間この状態を維持したら、ゆっくりと目を開けて、そのままお風呂に入ってください。海塩またはエプソム塩を使って身体をきれいに洗い流し浄化します。ネガティブなエネルギーがこれですべて一掃され、スピリチュアルな目覚めへの準備が整います。ふかふかしたタオルで身体の水分を丁寧にふき取ったらしっかりと保湿しましょう。これで終了です。

Monday moonspell
月曜日はムーンスペルで直観力を高めます

直感力をよりパワフルに高め、霊的なガイドをしっかりと受け取るための美しい魔法です。夢見を鮮明にし、物事の本質をしっかりと見極め、夢見のエネルギーとどのように関わるかを手助けします。

◉準備するもの

- □ シルバー（または淡いブルー）のアイライナー（肌に書き込みをするためのもの）
- □ ムーンストーン

◉スペルの手順

① サークルをキャスト（基本篇58ページ参照）し、次のフレーズを３回唱えます。

アルテミス、わたしの視界をクリアにしてください
この輝きのある月明かりの下で
アルテミス、わたしの声が聞こえますか
縛り付けているすべてのものからわたしを解放し、
魔力を授けてください
あなたのガイドによって
混乱の時から抜け出し
クリアな真実を見極められますように

Artemis, clear my sight
Under moonlight oh so bright
Artemis, hear my call

Release me from whatever thrall
Endow me with the magickal power
To bring me back from confusion's hour
Make my sight to be clear and true
I allow myself to be guided by you

② おでこの中央にアイライナーで三日月マークを描きます。

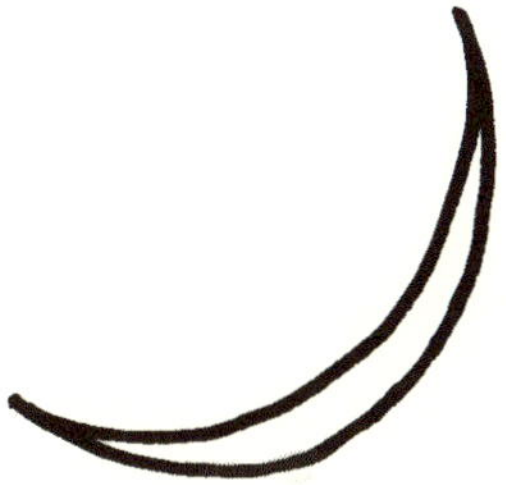

③ ゆっくりと横になり、おでこの上にムーンストーンを置きます。

④ 静かに目を閉じて、月のエネルギーを感じ、本質を見抜く洞察力がよみがえってくる感覚を味わいましょう。

⑤ 自分のなかに眠る洞察力をしっかりと呼び戻すことに意識を集中し、エネルギーを感じ真実を視ることを意図します。直感力のブロックが完全に解かれたこと、エネルギーが充満し高められたことを感じましょう。

自分の感じることに対する不信感や、こんなことはばかげているといった思い込みをすべて手放しましょう。“作り話”を信じるのではなく、自分のなかに眠る直感力がパワフルであることに信念を持ちましょう。

この直感力がアルテミスの射る矢によって鮮明な方向にしっかりと定められたとき、あなたの判断力は月の光のようにシャープに輝き、柔軟に決定できる意思を持ちます。

⑥ 今、必要なメッセージがあるかどうか直感に従って受け取ってみましょう。それをグリモワールに記入します。

⑦ サークルを閉じ、使ったムーンストーンは祭壇などに保管しておきましょう。

⑧ これから行う魔術が、アルテミスのサポートによりクリアでパワフルなものになることをグリモワールに書き加えておきましょう。

⑨ ゆったりとした気持ちで就寝しましょう。そして明日に向けて、夢からメッセージを受け取りましょう。

ポイント・チェック 月曜日の魔法

★**支配している惑星**▶月（女性性、想像力、直感力を象徴する）

★**ストーン**▶クリスタル、ムーンストーン、パール、そのほか白、白乳色のストーン

★**適した服装**▶月のエネルギーに反応するような女性らしいふわりとした洋服。色は白、シルバー、グレーやパステル調のメタリックカラー

★**エッセンシャルオイル**▶サンダルウッド（プロテクション用）、ジャスミン（色っぽさを表現）

★**アファーメーション**▶「自分自身の直感力とつながり、心の声にしっかりと耳を傾けます」

'I am in touch with my intuition and I listen to my divine guidance.'

★**行動**▶直感力に従う、夢、霊力の開花。タロットカードやオラクルカードを購入する、または使うのに適した日。

★**エネルギー**▶夢見、世界と世界の狭間。ふたつの世界に存在し常に夢見の状態を一日中維持することができればとてもすばらしい１日になるでしょう。

★**神々**▶セレーン、アイネ、アルテミス、ダイアナ、アリアンロッド

【火曜日】エネルギーをアクティベートする

火曜日はインスピレーションを伴う行動を起こす日です。同時に、問題と向き合ったり、論争、対立などが起きる日です。いろいろな形でチャレンジする場面が訪れ、勇気と決断を試されます。男性性が活発になる日でもありますが、実際にはこの世の中はたくさんの女性戦士のエネルギーで満ちあふれているので、とくに男性性に大きく影響を受けるということではありません。

今までチャレンジしてきたこと、苦戦してきたことに果敢に挑戦できる日です。たとえば、これまで避けてきた相手とコミュニケーションをとる、あるいはいじめに対して声を上げる、戦いに挑む、などです。

火のエネルギーとパワーに満ちあふれた日なので、あなた自身のエネルギーも一段と明るさを増します。このエネルギーと上手につながりワークをするためには、しっかり大地に足をつけて自制心を保つ必要があります。と言っても自分を厳しく抑圧するという意味ではありません。

時に多くの行動や決意には、ちょっとした軽やかさが必要ですし、その方が賢明な判断に結びつくことが多いものです。スポーツに挑んだり、肉体をハードに鍛えるといったことにも適した日です。とくに、火のエネルギーの影響で乱暴な行動になりがちですので、身体にハードなエクササイズを課すことによって、心と身体を落ち着かせる目的もあります。

チューズデー・メディテーション

勇気について宇宙はあなたになにを教えようとしているのでしょうか？　よい、悪い関係なくあなた自身がもっているパワーについて書き出してみましょう。そして、どんな事態が待ち受けようとも、それらのパワーとふたたびつながり、人生を創造していく決意を固めましょう。

The courage of Tyr spell for Tuesday
テュールの勇気を身につける火曜日スペル

勇敢な神、テュールのパワーのサポートをえて行うこの魔術は、あなたに本来備わっている美しいエネルギーを活性化するとともに、前進するための勇気と行動力を与えてくれるでしょう。

◉準備するもの

□ 川の石、または平らな石（直径３cm以上のサイズ）
□ 赤い絵の具（アクリル絵の具等でも可）と筆
□ 黒いキャンドル
□ 赤いキャンドル
□ 小さな黒い巾着袋またはポーチ

◉スペルの手順

① 夜明け前または日没後の夕暮れどきのどちらかの時間帯にサークルを開きます。
② 赤い絵の具と筆を使い、石にテュールのルーンシンボルを描きます。

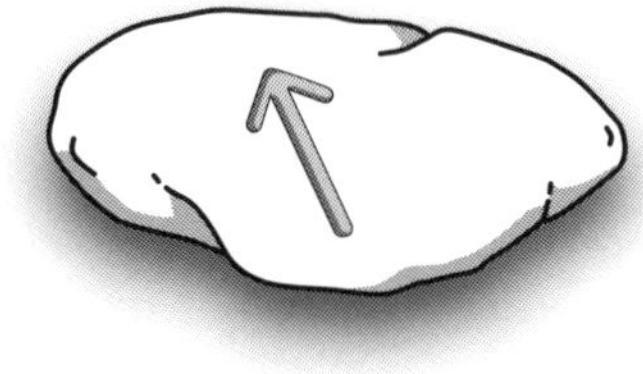

③ 黒いキャンドルに、あなたが怖いと感じること、自分が小さな存在に思えてしまう事柄を書きます。
④ 目の前に立ちはだかる困難な状況や人間関係を心のなかで明確にします。

⑤　赤いキャンドルに自分の名前と、テュールのルーンシンボル、日付を書きます
（※キャンドルに文字を記入するときは、ペンでもよいですが、爪楊枝などで彫ってもＯＫです）

⑥　次のフレーズを唱えます。

終末の戦いラグナロクで巨大な狼フェンリルに
右腕を差し出した
偉大なるテュール
あなたのその勇気を
わたしが対峙すべきことに貸してください
すべての良きことのためどんなことにも立ち向かうパワーを授けてください
たとえ小さな存在のわたしでも
きっと最大の結果を導くことができるでしょう

Great Tyr
Who held back Ragnarok and the great wolf Fenris with the sacrifice of your hand
Lend to me now your courage to face what must be faced
For if you could face this loss and sacrifice for the greater good of all
Then so can I, even though I feel so small

⑦　黒いキャンドルに火を灯し、燃え尽きるまでのあいだ、あなたの内に存在する恐怖や不安がキャンドルとともに溶けていくのを感じましょう。そして、植木や庭の土にキャンドルの残りを埋めます。そのときに下のフレーズを唱えます。

もう恐怖や不安は存在していません
わたしはテュールのように力強く勇敢です

You have no power over me, fears.
I am strong and brave. I know the way of Tyr.

⑧ 赤いキャンドルに火を灯します。炎を見つめながら、勇気のエネルギーが充満するのを感じましょう。軽く瞑想しながら、テュールの存在に、思いを馳せましょう。

向かい合うべき問題があることを知っています。テュールのようにこの問題を乗り超えることができるという信念を持つことで、どんな難題も解決できると、あなたは分かっています。解決までの道のりには、時間や、居心地の悪さ、習慣の変化、信念の変化という形で多少の犠牲が伴うかもしれません。

しかし、テュールは終末の戦いラグナロクで巨大な狼を制止し、その結果、世界は明るさを取り戻し、今わたしたちはこの世界に生きています。あなたにもこのテュールのような勇敢さが宿っています。テュールが背後で見守り、力を貸してくれます。そのパワーを借りて、やるべきことをしっかりと成し遂げるでしょう。

⑨ テュールの犠牲に感謝を捧げ、彼の偉大なる勇気に感銘を受けたことを伝え、どんなことがあってもテュールをがっかりさせるような行いはしないと誓いましょう。

⑩ 羽の付いた西洋冑（かぶと）をかぶり、鎧を着て、勇気に満ちあふれた自分の姿を想像しましょう。

⑪ そのほか、サークルを閉じる前にもっと別のワークをやりたいと思ったら自分の意思で続けてください。

⑫ すべて終了したと感じたら、サークルを閉じましょう。使った石と赤いキャンドルの残りは黒いポーチに入れて、テュールの勇気が必要だと感じたらいつでも持ち歩くようにしましょう。

ポイント・チェック　火曜日の魔法

★支配している惑星▶火星

★ストーン▶ガーネット、カーネリアン、ルビー、ファイアーストーン、オブシディアン

★適した服装▶赤または炎を象徴する色、エネルギー、情熱、勇気を増大させます。

★エッセンシャルオイル▶イランイラン（活気と色気を取り戻すオイルですが、エネルギーレベルが高くなりすぎたときに伴う頭痛やストレスを緩和する働きもあります）。火のエネルギーの火曜日は、まさにエネルギーレベルが高くなりがちです。

★アファーメーション▶「勇敢な自分を愛しています。勇気で満たされています」
'I love being brave. I am filled with courage.'

★行動▶肉体を動かす日と定め定期的に身体を動かすとよいでしょう。

★エネルギー▶とても活発です。毎週この日に定期的に身体を動かすことを意識すると、フィジカルが驚くほど改善されるのを実感できるでしょう。

★神々▶テュール、ブーディカ、モリガン、アレス（いずれも戦士の神々）

【水曜日】
つながって理解する

水曜日は多彩な一日です。多くの意味を含み、それぞれにさまざまな解釈があるので、その影響力は幅広くおよびます。そのなかでいちばん特徴的なのは、この日がコミュニケーションや、理解、知識など、わたしたちが本質的に持っている部分と深く関係しているということです。つまり、込み入った会話や、解決策、よりよいコミュニケーション能力に対して影響力を持つ

ことになります。

水曜日は、古代スカンジナビア（現ノルウェー）における北欧神話の最高神、オディーンに関連があることから、この日に発言したことや、コミュニケーションによって得たことは、真剣に受け止めなくてはなりません。オディーンの存在は、新しいコミュニケーションを手に入れるためになにかを犠牲にすることも示唆していますが、その結果として受け取る恩恵は物事の本質を突く、堅実なコミュニケーションであり、努力が報われることになるでしょう。

水曜日は手紙やブログ、エッセイを書くなど、文章を「書く」ということをサポートしてくれる日でもあります。たとえば、チャットもよいですし、作曲をしたり、ということも楽しくできる日です。音楽にちなんだエネルギーからも多くの刺激を受けられる日なので、音楽を奏でるのもよいでしょう。水曜日のエネルギーは、とても知的なので、聡明な思考をめぐらすことができるでしょう。

ウェンズデー・メディテーション

あなたの好みの方法でハイヤーセルフ（あなたの一部分でありあなたに直結している存在、または宇宙や神、女神）とつながる準備をし、コミュニケーションを確立する上で必要なものはなにかを問いかけてみましょう。良好な人間関係をつくり上げる会話に意識を集中し、むずかしいテーマだとしても健康的な会話が交わされている状況をイメージしましょう。そして、自らにアファーメーションを宣言します。

どんな状況でも的確な言葉を見つけることができます
耳を傾けることでパワーを授かります
心から発する声は人々によい影響を与えます

I now find the right words for every situation. Listening is empowering

Everyone benefits when I speak from my heart.

The Naming Spell
他者とのつながりに変化をもたらす水曜日の魔術

時に人生において、自分の名前をあげつらい悪口を言われたり、怒りや非難をぶつけられたり、ということが生じます。わたしたちはそうしたエネルギーを自分の名前を通じて受け取ります。とくに、情緒が不安定な若い時期にはその影響を強く受けます。

ここで紹介する魔術は名前によって受けたダメージを回復させる働きがあります。また、自分の名前により深い愛情を感じるために行うのもよいでしょう。このスペルはひとりで行うことも、複数で同時に行うこともできます。

◉スペルの手順

① サークルを開いて、祭壇の前に静かに座り、心を落ち着かせます。ひとりで行う場合には、ガイドや愛する人、友だちなどのエネルギーを召喚するのもよいでしょう。家族のなかでとくにいっしょにいてほしい人を想像します。

② 召喚した人たちがあなたの元にやってきて、あなたの名前を呼びます。その声を確認しましょう。彼らは、愛情をたっぷりこめて繰り返しあなたの名前を呼びます。自分でも自分の名前を呼んでみましょう。愛情、優しさ、誇りなど、名前に込められたエネルギーをすべて封じ込めながら、自分の名前を繰り返し呼びます。

　しばらくすると呼ばれている名前の感覚が少し違ってきたことに気づくはずです。友だちなどと複数でこのワークを行う場合には、お互いに若干のトランス状態に入ることがあります。エネルギーが自然に

ピークに達するのを感じたら、ゆっくりとそのエネルギーが自分のなかに統合されていきます。

③ これであなたの名前は“変化”しました。美しく、賞賛され、配慮され、勇気づけられ、ポジティブなエネルギーに満ちあふれた自分の名前をあらためて呼んでみましょう。名前を通じて保持されてきたネガティブなエネルギーが一掃されていることに気づくでしょう。

④ この儀式はしょっちゅう行う必要はありませんが、対立したり敵対する相手がいるとき、あるいは周囲から嫌がらせを受けたり、暴言を吐かれたりする場合に行ってください。直接的にひどい仕打ちを受けている場合などには、このスペルを使ってあなたの名前を変更することもできますが、そのときは慎重に行う必要があます。あまりに頻繁に名前を変更すると、社会的信用を失うことがあるからです。

⑤ スペルが終了したらサークルを閉じましょう。

（※訳注／このスペルは欧米で比較的頻繁に発生する“名前”に由来するトラブルを解消するものです）

ポイント・チェック 水曜日の魔法

★支配している惑星▶水星

★ストーン▶ターコイズ、ラピスラズリ、ブルーサファイア

★適した服装▶調和、コミュニケーション、明晰さを象徴するブルー

★エッセンシャルオイル▶ライムとオレンジのブレンド（会話にスパイスを効かせ、人々との交流が盛んになります）。またよりよいコミュニケーションを実現させるのに理想的なオイルです。

★アファーメーション▶「アイデアや信念を表現するのを楽しんでいます！」
‘I enjoy expressing my ideas and beliefs.’

★行動▶気の合う仲間と信念や目標について話をしましょう。水曜日は、

アウトプットするのに幸先のよいスタートを切れる日ですから、自分の夢や希望をどんどん多くの人に語ることをお勧めします。なにかのグループや集い、オンラインフォーラムなどに参加するととても楽しいひと時を過ごせるでしょう。ヒーリングセッションを受けるのにもよい日です。

★エネルギー▶知的、機知、相互交流。グループで活動するととても建設的な結果になり、道行く先々で必要なサポートを受けることができるでしょう。

★神々▶エルメス、バウボ、オディーン、タリエシン、イリス、ヒナ

【木曜日】
アバンダンスを創造する

お金はエネルギーを変換することによって生まれるひとつの形態に過ぎません。あなたは魅せられたエネルギー（仕事など）から富とお金を創造し、時にそれらを継承していきます。

そしてお金そのものも、そのほかのエネルギーに変換され、プロジェクトや計画に力を与える役割をもっています。しかし自分の経済力が無力であると感じている人は多く、スピリチュアルに関わる人はとくにその傾向が強く現れます。

これは、昔からの風習も関係していますが、現代でもスピリチュアルなワークに関わる人はけっして対価を受け取ってサービスを提供してはならない、とされることが多いからです。

時にわたしたちは、お金に対する恐怖心や物質主義に偏りすぎることへの不安など、富やお金が手にする価値がないものと感じてしまう場合があります。なぜそんなふうに思ってしまうのでしょうか？

富とお金に関してわたしたちは相反するふたつの感情をもっています。つまり、お金をたくさんほしいと思う一方で、実際にお金を手にしたとたん、

なぜか後ろめたい意識が芽生えてくるのです！　お金を手にすると、自分が汚れた存在に思えたり、嫌われる存在、他者からうらやましがられたり嫉妬されることへの不安にさいなまれるのです。このような屈折したお金との関係に終止符を打って、バランスを取り戻す必要があります。

そこで木曜日という日を具体的な行動を起こす日として活用しましょう。黙って座っていてもお金は入ってきません。屈折した思いにとらわれずに、自分の力でお金を稼ぐために、たとえばアルバイトを探しに出かけたり、すばらしいアイデアをクリエイトするために、今日という日を有効活用してください。

サーズデー・メディテーション

静かな空間で心を落ち着かせます。思考をクリアにし、しっかりと地に足をつけグラウンディングします。ゆっくりと３回ほど深呼吸をします。そして、次のフレーズを８回、声に出して唱えましょう。

わたしはすべての繁栄の源とつながっています

I am connected to the source of all prosperity

間をおいて、時間をかけ、この真実がゆっくりと身体のなかに浸透し、融合されていく感覚を体験してください。心の落ち着きを確認して、もう一度、思考をリセットしてクリアにします。グラウンディングをし、深呼吸を３回します。時間をかけてゆっくりと行ってください。そして、今度は次のフレーズを８回、声に出して唱えましょう。

わたしが必要としているものはすでに用意されています

All my needs are already taken care of

８回以上、もっと唱えたいと思ったら続けてください。ただし、８回を１

セットにして唱えるようにしましょう。言葉が身体全体に響きわたるのを感じたら、ワークを終えるときです。あなたのリズム、感覚に従ってください。

Lakshmi abundance chant
木曜日はラクシュミの“富のチャンティング”

美しく穏やかなラクシュミは、大きな愛情と癒しを届け、繁栄のサポートをします。ラクシュミの美しい銅像やポスターなどを部屋に飾るとよりよいでしょう。

◉準備するもの

□ 花
□ 聖水
□ 天塩
□ 数珠、またはローズの花びら

◉スペルの手順

① サークルを開きます（サークルの境界線に花や聖水、天塩などを置くとよりよいでしょう）。

② ゆっくりと深呼吸をし、ラクシュミ（富の女神）のふたつの偉大なマントラ（下記参照）の内、どちらかひとつを108回唱えるか、歌いましょう。
Shreem Brzee（シュリーム　ブルジー）
または、
Om Brzee Namaha（オーム　ブルジー　ナマハ）

③ マントラを唱えながら、ゴールドの富の光があなたから放たれ、外側に大きく広がっていくイメージをします。

④ 108回を数えるには、数珠を使うのが一般的ですが、たとえばローズの花びらや小さな花を歌とともにラクシュミに感謝の気持ちを捧げながら数えるのもよいでしょう。

⑤ 心を開いて開放的な気持ちを維持しましょう。ラクシュミの愛情を感じてください。ゴールド色に輝くエネルギーがあふれんばかりの液体となってあなたの細胞ひとつひとつに浸透していき、ラクシュミの祝福とともに光り輝きます！

⑥ 充分な富を手に入れたとき、自分のためだけではなくその富を広く活用する自分の姿を想像しましょう。手に入れた富をサポートしたいと思うクリエイティブな人々や問題提起に費やしている自分の姿を想像しましょう。富を手に入れることによって感じる安らぎ、寛容さ、パワー、サポート、自由を想像しましょう。充分にその感覚を味わったら、ラクシュミに、信念を持ってマントラを唱えられたことへのサポートに感謝の気持ちを捧げましょう。

⑦ ラクシュミに捧げるマントラを詠み終えたら、あなたのなかにラクシュミを呼びこむために、自分の前後に手で軽く円を描くとよいでしょう。これによって、ラクシュミとの境界線に流れが巻き起こり、あなたの中へ入りやすくなります。

⑧ 日常から玄関や部屋の床をキレイにしておくことをお勧めします。部屋の床と玄関は少量のブレンドオイル（配合は次の項目参照）を垂らすとよいでしょう。こうすることで、あなたの富を守り、富を受け取る意欲を奮い起こしてくれます。床と玄関を常にきれいにして、いつでもラクシュミからの豊穣を受け取れるようにしておきましょう。

⑨ すべての工程を終えたら、いつものようにあなたの方法でサークルを閉じてください。

Lakshmi's abundance oil
ラクシュミの富のオイルをブレンドしよう

このオイルはなめらかで、愛情にあふれていてすがすがしいオイルです。ワークをする前に少量、肌に直接塗るとよいでしょう。また毎月、月が欠けていく時期にラクシュミのマントラを唱えるときにもお勧めです。

◉**準備するオイルと配合**

- □　グレープフルーツオイル（3滴）
- □　パッチョウリオイル（1滴）
- □　２種類のローズオイル（1－2滴)。お好みのローズオイル、たとえばローズマロックとローズオットーなど。
- □　２種類のジャスミンオイル（1滴）
- □　ライムオイル（数滴）

ポイント・チェック **木曜日の魔法**

★支配している惑星▶木星

★ストーン▶原石、スモーキークオーツ

★適した服装▶土色、自然色の洋服が地球の成長しつづけるエネルギーとつながることを促し、あらゆるチャレンジに立ち向かうゆるぎない感情を育ててくれます。

★アファーメーション▶「富を手に入れることを心から安心して受け入れます」

‘It is safe for me to manifest my abundance.’

★エッセンシャルオイル▶バジル（実践的でクリアな思考、集中力をもたらす。スピリチュアルになる、ということはつまり繋がる、ということでもあります)。木曜日の夜には、エネルギーをさらに向上させ、抱えている負債などをクリアにし、富を引き寄せるために、ベルガモットオイルを7滴バスタブに入れて入浴するとよいでしょう。

★行動▶お金と富にかかわるあなたの行動や態度を見直してみましょう。

★エネルギー▶木曜日は自分の信念に関して、ダイナミックに変化を呼び込むことが可能です。

★神々▶ラクシュミ、ジュピター、ソー、ガネーシャ、アバンダンティア

【金曜日】
愛と魅了、美の女神とともに

金曜日は、スカンジナビアの女神フレイヤにちなんで名付けられました(Friday = Freya)。フレイヤは熱烈な愛情と深い献身に魅了された女神で、守護神でもあり、戦士たちの愛人でもありました。

そんな金曜日、あなたの恋愛関係にはどんなことが起きていますか？　あなた自身の能力についてどんなふうに感じていますか？　金曜日は、あなたの肉体や官能、魅力をしっかりと実感する日です。内なる心にきらきらと輝く愛情の炎があることを知りましょう。

金曜日の女神フレイヤが、あなたの愛情の周囲にあるネガティブなエネルギーのすべてを浄化する手伝いをしてくれます。フレイヤとともに、深い愛を感じましょう。

フライデー・メディテーション

金曜日は愛に関連するクリスタルを使います。ローズクオーツ、ガーネット、ルビーなどがよいでしょう。それから、女神フレイヤの石と呼ばれているアンバーもお勧めです。静かな空間で落ちつきます。思考をクリアにし、しっかりと地に足をつけグラウンディングします。

クリスタルを利き手とは反対の手に持ちます。美しい愛に満ちたハートがつくり上げられるイメージを想像します。形を変え、色を変え、ハートはどんどん愛情豊かで健康的な状態に戻っていきます。

あなたの心の目でハートをよく観察してみましょう。エネルギー的な損傷がないかどうかをチェックします。トゲや剣が刺さっていないかどうか、ワイヤーが絡まっていないかどうか、傷やアザがないかどうか、コードがまとわりついていないかどうか——。

それらがあれば、ゆっくりとハートからそれらが溶けてなくなっていく様

子を想像します。ハートの内側から、外側から、時間をかけてゆっくりとチェックしましょう。

ハートのクレンジングが終わったら、クリスタルを持つ手を自分の胸に当て、次のフレーズを唱えます。

わたしのハートは愛情豊かで傷ついていません

My heart is loving and unhurt

エネルギーの循環を感じてみましょう。暖かく愛に満ちたエネルギーを感じたら、ゆっくりと目を開けてメディテーションを終了します。

グラウンディングを促すために、甘いものを食べて、愛があふれる金曜日を過ごしましょう！

Freya's strength in love spell
金曜日はフレイヤのパワフル・ラブスペルを

女神フレイヤはパワフルで、挑戦的で、きわめて独立心が強く、とても頭脳明晰な女神です。そんなフレイヤとのワークは、すばらしく万能な魔術です。

その昔、バイキングの戦士たちは彼女の名前を叫びながら戦場に赴いたというのもうなずけます。フレイヤは、アンバーと猫に関連があるので、このふたつのアイテムを使うのがお勧めです。

このスペルから放出される愛は、大いに力を与えてくれるもので、いろいろな自分とつながるために魔術を行うとすばらしい経験ができるでしょう。悲しみ嘆いている感情や、問題から立ち直っていない場合にもとても大きな影響を与えます。

炎のように燃え上がる関係を築いたカップルの場合、フレイヤの深い理解をえることができるでしょう。

◉**準備するもの**

- □ ビーズワックスキャンドル（蜜蝋）
- □ アンバーのエッセンシャルオイル（またはアンバーパフュームでも可）
- □ 金粉（ゴールドのアイシャドー等でも可）
- □ 金色の布、クロス
- □ ルーン文字
- □ 猫の毛（黒または金色の猫の毛がよいですが、あまりこだわる必要はありません）
- □ アンバーの石
- □ 鏡

◉**スペルの手順**

① サークルを開いて、次のフレーズを３回唱えます。

黄金のフレイヤ、ここに来てください
このアンバーとゴールドをあなたに捧げます
あなたの叡智と意思の
強いサポートを必要としています
わたしに勇気を授けてください
真実の勇気、輝く勇気
あなたの聖なるパワー、強さを授けてください
あなたのように力強く、ナラの木のようにしなやかな
愛を授けてください
わたしの愛が透明な川から大きな海へ流れ込んでいけますように
わたしの愛が誇りを持って与えられますように

Freya, Golden One, I call to thee
I offer to you this amber and gold
I ask for your help
For your wisdom so bold

I ask now for courage
For truth and to shine
I ask for your power, your strength so divine
I call now for love, but one which will be
A strong growing oak, a king among trees
Make my love a clean river that flows to the sea
Make my love an offering to be proud of, for thee

② ３回で足りないと感じたら、あなたが納得するまで３回を１セットにして続けてください。

③ 蜜蝋キャンドルにアンバーのエッセンシャルオイル（またはアンバーパフューム）を塗ります。木の樹脂からできたアンバーを使ってください。クジラなどから取れるアンバーグリスではありませんのでご注意を！　木の樹脂からつくられたアンバーのエッセンシャルオイルはオンラインショップなどで購入できます。

④ その上に金粉を塗ります。そして、さらにその上から事前に用意した３種類――Gebo（ゲーボ）、Wunjo（ウンジョー）、Jera（ヤラ）のルーン文字を刻み込みます（爪楊枝やシャープペンシルを使ってください）。

⑤ 祭壇に金色の布を敷き、その上に猫の毛、さらに金粉をちりばめ、アンバーの石を置きます。自分の目の前には鏡を置き、姿が映りこむようにします。

⑥ 映り込んだあなたの姿は、美しさと強さ、賢さ、育む心、あらゆるものを守る強靭さをもつ、魅力的で刺激的なフレイヤの姿と重なってい

きます。

⑦ フレイヤからのメッセージを受け取ったら、グリモワールに記入しましょう。

⑧ 感謝を捧げ、サークルを閉じます。

スペルを終えたら、しばらく、蝶に意識を向けるようにしましょう。フレイヤが蝶になって、あなたのそばにやってきて、あなたの呼びかけに応えてくれているはずです。実際の蝶や、絵などのシンボルにも注意を向けましょう。

ポイント・チェック 金曜日の魔法

★支配している惑星▶金星

★ストーン▶ローズクオーツ、ルビー、サファイア、アンバー、ガーネット

★適した服装▶内なる愛の女神を表現するにはピンク系、ローズ・レッド系が最適です。

★エッセンシャルオイル▶ローズ・アブソルート、アンバーのパフューム。

★アファーメーション▶「今のわたしのままで、十分に愛される価値があります」

'I am worth loving, exactly as I am'

★行動▶自分にも他者にも愛している！という言葉を投げかけましょう。

★エネルギー▶官能的、遊び心、気を引く行動、力強さ、オープンマインド、受容。

★神々▶フレイヤ、ハトホル、リアノン、エロス、アフロディーテ

【土曜日】
将来を見据えよう!

土星は成長を促し、そのとき、その人にとって必要な、乗り越えるべき課題を提供してくれる惑星です。

したがって土曜日は物事を真剣に捉え、将来をしっかりと見据える日です。必要のないものを手放す日でもあります。人生においてもう必要のないもの、望んでいないことに対して手放す決意を固めます。

友情関係や行動を見直したり、癖や習慣など多くのことに終わりを迎えるでしょう。自分自身の性格で気に病んでいるケースでは、そうした気持ちからも解放されることになる日です。

サタデー・メディテーション

いつものようにひとりになれる空間で静かに座り、気持ちを落ち着かせます。キャンドルに火を灯します。炎を見つめ、呼吸を意識します。ゆっくりと体内に入ってくる空気、体内から出ていく空気に意識を集中します。

感情も、肉体も、精神もすべてが落ち着き、今ここに存在しているという感覚を実感したら、次のフレーズを５回（変化をもたらす回数）繰り返し唱えます。

手放すことを恐れる必要はありません
宇宙、ハイヤーセルフの意図に身を任せます

It is safe for me to let go. I surrender control of the outcome
to the Universe, and to my Higher Self

必要だと思ったら、エネルギーの変化を感じるまで５回を１サイクルとし

て繰り返してください。ゆっくりと現実の感覚に戻り、変化を恐れず手放すべきことに対して行動を起こす、充実した土曜日を過ごしてください。

The Witch’s broom spell
土曜日は“魔女のほうき”でエネルギーに劇的な変化を

魔女のほうきを使う魔術は、浄化、クリアリング、古いエネルギーや必要のないエネルギーを取り除くのにとても役立ちます。

魔法のほうきを使ってエネルギーがダイレクトに、しかも劇的に変化するのを感じることができます。

◉準備するもの

- □　ローズマリー９本
- □　セージ９本
- □　ユーカリ、ティートュリー、パインのいずれかの葉っぱがたくさんついた枝３本
- □　頑丈な黒いコードまたは紐30cm程度
- □　自然塩（床にちりばめる程度の手のひら一杯分くらい）
- □　黒いキャンドル（必須ではありません）
- □　オニキス（必須ではありません）
- □　サンダルウッド（オイル）

◉スペルの手順

①　サークルを開きます。

②　用意したハーブ、枝をまとめて、下の端を黒いコード（または紐）でグルグルと９回巻いてしっかりと束ねます。これでほうきの出来上がりです。コードや紐が長過ぎる場合には、９の倍数回巻いてください。最後は、堅結びを５回つくり、次のフレーズを唱えます。

あなたとはもうこれでお別れです。手放します
友だちであろうとそうでなかろうと
わたしとともにいる気がなかったとしても
今、あなたは自由になりました
そしてもうここに戻ってくることはありません
戻ってくるときには今までのあなたではありません
この魔法のほうきであなたを自由にします
そうでありますように

I sweep you from me, I let you go
Whether you are friend or foe
If you are not meant to be with me
I release you, see, I set you free
You cannot return, even if you would
Unless you be for my highest Good
Thus with my spell, I set thee free
As I do will, so mote it be

③ ほうきを使ってそうじをしながら、フレーズを唱えるのもよいでしょう。また、エネルギーの浄化をより強力に行いたい場合は、床に塩をまくとよいでしょう。床にまいた塩はしばらくそのまま放置することで、室内の不要なエネルギーが塩に吸収されます。塩をまくときには次のフレーズを唱えましょう。

塩で浄化
部屋を満たしましょう
よどんだ空気、不快なエネルギー
不要な行動、感情、言葉

すべて塩に吸収させましょう
キャストをすれば
すべては自由
間違いなくすべてが自由

Salt, salt, cast about
Soak it up, we live without
The old and the stale, the unwanted word
The deed, the feeling, the cruelty heard
Soak it up
I'll cast it out
We shall be free
There is no doubt

④ 魔女のほうきを使って室内を掃きましょう。南半球は時計回り、北半球（日本）では反時計回りの方向で掃いていきます。この方向は、なにかを“払いのける”、“追放”する向きです。つまり、緊張、だれかからの攻撃、恨み、嫉妬、意地悪、いじめ、妬み、暴力、それが愛する人からのものであったとしても、あなたの空間に置いておくべきものではありません。ホウキですべて払いのけてしまいましょう。

その効果をさらに増大させたいときは、大きめの枝やハーブ植物でホウキをつくり、黒いコードで束ね、さらに枝の部分に黒いキャンドルやオニキスの石（またはブラックトルマリンやオブシディアンでもOK）をビーズワックスの蝋や紐、環境にやさしい糊などで落ちないように接着します。するとそのパワーはさらに大きくなり、ネガティブなエネルギーを払いのけるだけではなく、掃いたところすべての空間にバリアを張り、保護する役目を果たすようになります。

⑤ 一連の作業が終わったら、床にまいた塩の残りや、落ちたハーブ、葉なども含めて掃除機をかけてすべてをきれいに片付けます。

⑥　サンダルウッド（オイル）を炊いて、空間に新たな息吹、静寂の訪れを感じましょう。

⑦　使ったホウキは、次回必要になるときまで大切にしまっておきます。

⑧　感謝を捧げ、サークルを閉じます。

ポイント・チェック　土曜日の魔法

★**支配している惑星**▶土星

★**マジカルストーン**▶スモーキークオーツ、スレート（粘板岩）、ブラックオニキス、オブシディアン

★**適した服装**▶決断や思考、意図を真剣にクリアにしてくれる服装。一般的に黒がこうした目的に適しています。喪服をイメージさせる色ですが、つまりこれは手放す、ということに関連付けられているからです。

★**エッセンシャルオイル**▶フランキンセンス、サンダルウッド、セージ

★**アファーメーション**▶「変化することは怖くありません。今、わたしは人生のすばらしき新しいステージへと移動しています」

'It is safe to change. I am now moving into a wonderful new stage of my life.'

★**行動**▶自分のなかに溜め込んだものをすべて開放しましょう。起きていることの原因を他人のせいにする日ではありません。あなたの人生はあなたが責任を取らなければなりません！　この先、止めるべき、手放すべきだと思う行動やクセをひとつ、ノートに記すとよいでしょう。

★**エネルギー**▶自分が望む未来を創造するために必要な決意、決断をするための準備

★**神々**▶カリ、ワルキューレ、ヤヌス、サタン、カリアッハ、ケリドウェン

【日曜日】
再生と喜びを手にする日

日曜日はとても気持ちのよい日です。より高いパワーに触れる喜びに周波数を合わせてすべてのことに感謝を捧げる日です。わたしの場合で言うと、それは自然界のあらゆる魅力——木々や空、流れゆくエネルギーなどです。心の洗濯をしてくれる場所へ出かける日です。

たとえば、海に出掛けるだけで波のパワーに触れることができます。サーフィンの経験があるなら、もっと上手になろうと頑張ったり、大波に立ち向かう勇気を奮うことで大きな刺激を受けられるでしょう。

もちろんどこに出掛けなくてもよいのです。単に好きな音楽を聴くのもいいでしょう。いつも刺激を与えてくれたり、サポートしてくれる、あるいはいっしょにいるだけで楽しいと思えるような友人や家族と共有する時間をもつことをお勧めします。

少なくとも冒険をしたり、権力に反抗するような日ではありません。日曜日は翌日からはじまる１週間に備えて英気を養う日といえるでしょう。内なる炎にしっかりと火を灯し、明るく、強く、活発に、安心感のなかで世界に飛び出してゆける準備をするのです。

日曜日にこうした準備をしっかりとすることで、月曜日からの１週間、その炎が燃えつづけて有意義な日々を過ごすことにつながります。

サンデー・メディテーション

日曜日のメディテーションはアクティブで活動的です。光と輝きを祝福するための祭壇を用意します。フリースタイルで好みに応じて祭壇をつくるとよいのですが、いくつかお勧めのマジカルアイテムなどを紹介しましょう。

＊金色のストーン（シトリン、タイガーズアイ、アンバーなど）

＊金粉またはラメ粉（アイシャドーなど）

＊金色の布

＊明るい黄色の花（マリーゴールド、ひまわり、ラッパ水仙など）

これらのアイテムを使って祭壇をつくるとよいでしょう。オラクルデッキやタロットカードがあれば、そのなかから太陽を象徴するカードを選んで飾ることをお勧めします。太陽の明るいエネルギーは元気でポジティブなバイブレーションを家全体に呼び込み、次の日からはじまる１週間を明るく照らしてくれます。

Brigid's Flame Spell
日曜日は“炎のスペル”で明日を創造するパワーを

日曜日は“美”と“スタート”を意味する日です。ブリジッドは女神の母ともいわれ、３つの姿を持っています。今日は、ブリジッドに、あなたの内なる炎にパワーを授かるようにお願いして、今日という日を創造するマインドをゆっくりと前進させましょう。

このスペルがもたらすものは、時間と空間のなかに少しずつ影響を及ぼし波紋を広げ、明日、あさってと毎日に変化と創造をもたらす原動力です。ですから、あなたが達成したい目標や、あなたが創造しようとしている人生を真剣に考えてから魔術を行ってください。

◉準備するもの

□ 祭壇に使うブルーの布

□ ビーズワックス（蜜蝋）キャンドルとろうそく立て（キャンドルホルダー）

□ スィートオレンジオイル

□ 金粉（または金ラメ）少々

□ キャンドルに文字を刻む先の尖った棒や爪楊枝など

◉スペルの手順

① サークルをキャストします。

② 祭壇をつくります。ブルーの布を敷き、そこにスイートオレンジオイルといっしょにビーズワックスキャンドルを塗ります。次のフレーズを唱えながら、やってみましょう。

優しいブリジッド、母なるブリジッド
わたしのスピリットから光となって現れる
炎に包まれ
わたしの聖なる深い部分に炎を灯し
あなたの炎は光り輝き
わたしのハートに火を灯す
この光が完全にわたしと結合するまで
どうかわたしとともにいてください
この世界でともにいてください
あなたの光、炎に包まれ
必要なときにはいつでもサポートしてください

Sweet Brigid, my Mother, light from the ashes of my spirit
An undying flame
Light within my deepest parts
Your fire, your spark
Reignite my heart
Until the brightness that's mine
Flows from me and shines
Out into the world
In word and in deed
Of your flame, of your fire
I shall always have need

③ キャンドルのまわりに金粉（金ラメ）をふりかけ、そこから光線が広

がる様子を見守り、次のフレーズを唱えます。

IMBAS※の９つの光線、３つの光線、知識の３滴、聖なる光
Nine rays, Three rays, of imbas, the three drops of knowledge and of Holy Light

（※訳注／IMBASとは古代アイルランドでは「インスピレーション」を意味する言葉で、人々が授かるギフトとして使われていました）

④　キャンドルに火をつけたら、今度はこのフレーズを唱えます。

火を灯したこのキャンドルとともに、
ブリジッドによってわたしの内なる炎にもふたたび火が灯りました
ひらめきを与え、癒し、安心と暖かさを与える
永遠の炎

As I light this candle
So my fire is rekindled by Brigid
A flame eternal
To inspire, heal, comfort and warm me

⑤　キャンドルホルダーにろうそくを立て、炎の上に手をかざし、火の暖かさを感じましょう。手で火をすくい、心臓のところに当てます。ブリジッドの愛があなたのハートを暖かく包み込むのを感じるでしょう。そしてもう一度、手で火をすくったら、今度はそれを口の前に持っていきます。あなたの言葉が温かく真実のものとなります。

⑥　炎の奥をしばらくじっと見つめてみましょう。ブリジッドからの癒しの炎です。平和、調和、思いやり、勇気、そして叡智をいつでもどこへでも運んでくれます。以下のフレーズを唱え、しっかりとブリジッ

ドの愛を受け取りましょう。

ブリジッドはわたしの母。
いつも気遣いこのキャンドルを灯すときは
いつでもブリジッドとわたしはともにいます。
キャンドルに火がともっているあいだずっと、
創造的で思いやりがあり、独立心が旺盛な、していて生まれ変わった新しい自分になれます

Brigid is your Mother and will care for you
You are within her forge when you light this candle
You are creative, and caring
and independent, and reborn
each time this candle is lit

⑦ ブリジッドに感謝を捧げ、感じたことや受け取ったメッセージ、脳裏に浮かんだ考えなどをグリモワールに記しましょう。

⑧ 少しのあいだ、考える時間をつくりましょう。勇気を取り戻し、ブリジッドの炎のように明るく、そして人生の一歩をしっかりと踏みしめる自分の姿を想像してください。ブリジッドの炎は、あなたを繰り返し後押ししてくれます。

⑨ キャンドルの火を吹き消すとき、明日からはじまる１週間に思いを馳せて願いを込めましょう。

⑩ キャンドルが冷えるのを待ってから、敷き詰めた金粉（または金ラメ）の上にキャンドルを寝かせ、キャンドルにまんべんなく金粉をつけます。そしてブリジッドを象徴する十字架をキャンドルに彫ります。別のキャンドルに火を灯すとき、このキャンドルの火を分けて灯すとブリジッドのエネルギーが伝達します。

⑪ サークルを閉じ、深い平和な眠りを楽しんでください。

ポイント・チェック　日曜日の魔法

★**支配している惑星**▶太陽

★**ストーン**▶シトリン

★**適した服装**▶活力のあるポジティブな人々を惹きつける金色、黄色、オレンジ。

★**エッセンシャルオイル**▶サンダルウッド、スイートオレンジ、ネロリ、ライム、オークモス

★**アファーメーション**▶「わたしは星のように光り輝くに値する光を持ち、他者にもそれを提供できます。暖かく、パワフルです」
'I am a star. I shine. I have enough light for myself and for others. I am warm and powerful.'

★**行動**▶祭壇は朝つくりましょう。午後になったら、新しく生まれ変わる自分を祝福するための集いや魔術を行いましょう。

★**エネルギー**▶日曜日の太陽のエネルギーは真実を語り、本当のわたしがだれであるかを感じることができます。その居心地のよさを肌で感じ、なんら不快感を感じることなく、成功への光り輝く道へ導いていきます。あなただけでなく他者も輝きを増す日です。

★**神々**▶アポロ、アマテラス、ルー、ブリジッド

１週間の７つの魔術を終えたら、ぜひ自分をほめてあげましょう！

この１週間に魔法に捧げてきた決意やエネルギー、意図のすべてが、すでにあなたの人生にすばらしい波を届けはじめています。お疲れさまでした、魔女に目覚めた皆さん！　あなたはもう立派な魔女ですよ！

11

Love Spells
愛をサポートする14の魔術

Self-love spell
あなた自身を愛するための魔術

この魔術（スペル）はずっと心に抱えたネガティブなパターンを一掃するための魔術です。その結果、あなたは自分の殻を脱ぎ捨てることになります。心して行ってください。そして、変化をしっかりと見守りましょう。

◉準備するもの

- □ 最低でも1時間くらいだれにも邪魔されないプライベートな空間
- □ 大きな鏡（全身が映る姿見）
- □ 粘土（白とピンクがお勧め。あるいは天然の手作り粘土）
- □ 祭壇に使う美しい赤色の布
- □ お気に入りのセルフポートレイト写真
- □ 自分の髪の毛（少々）
- □ キャンドル（祭壇用）

◉スペルの手順

① サークルを開きます。サークル内で洋服をすべて脱いで裸になります。裸のまま鏡の前に立ち、肉体をしっかりと観察します。たとえ、気

に入らない部分があって認めたくなくても、そんな感情は脇に置いて、この瞬間は、今のままで充分に美しく、完璧な姿であると心から認めてください。

② 次に用意した粘土を手にとり、自分が気に入らない部分やネガティブに感じている部分に粘土を塗ります。粘土は不純物を吸収するので、好きになれない部分に対するネガティブな考えやエネルギー、自己批判をしがちな心、肉体的な欠陥への嫌悪感などすべてが粘土に吸収されていきます。その感覚をしっかりと体験してください。

③ エネルギーがピークに達したと感じたら塗った粘土を、シャワーで洗い流しましょう。水を勢いよく出し、長年居座っている自己批判のエネルギーや、ネガティブな発想すべてを粘土といっしょに水が洗い流してくれることを感じとってください。

もう昔のままのあなたではありません。もう過去のこと。今のあなたは、自分を充分に愛し、そして他人を充分に愛することができる美しい存在です。愛し、愛される価値があるのです。シャワーを浴びながらまっすぐに立ち、この想いをしっかりと自分の肉体に浸み込ませましょう。

④ シャワーを浴びたら、柔らかい肌触りのよいタオルで優しく身体を拭きます。

⑤ スペルを行っているプライベートな空間に戻り、写真を祭壇に飾り、写真のまわりに髪の毛を飾ります。短い髪の毛でも、少しの量で大丈夫です。写真から少し離れた安全なところでキャンドルに火をつけます。

⑥ 写真を見ながら、そして、自分の肉体を見ながら、次のフレーズを声に出して唱えます。

美しく力強いわたしの肉体を愛しています
クリアなマインド、賢明な自分を愛しています
明るく高いエネルギーの自分のスピリットを愛しています

人間らしい心温かい自分の感情を愛しています
今、等身大の自分を心から愛しています

I love my body, it is beautiful and strong
I love my mind, it's clear and clever
I love my spirit, it's bright and high
I love my feelings, they're human and heartfelt
I love myself exactly as I am right now

⑦　サークルを閉じます。キャンドルを吹き消したあと、身体を軽く動かしましょう。軽快な音楽をかけて、ダンスをするのもいいかもしれません。そして、グラウンディングを促すためになにか甘いものを食べましょう。

　このスペルを行ったあと７日間、常に粘土を使えるように保管しておき、１週間のあいだにふたたび肉体に関して否定的な感情がわいたら、その部分に粘土を塗ってネガティブな思考が吸収されていく様子を感じましょう。

　自己否定から完全に抜け出すには、１サイクルの月回り（約28日）が必要ですが、そのころには今よりも、自分の肉体への、自己愛が増しているはずです。今のままで充分に美しく、愛される価値があり、光り輝く存在であることを実感するでしょう。

Make a magickal love charm
マジカル・ラブチャームをつくろう！

ここでつくるチャームポーチは、優しく安全に、しかし時に力強く愛を後押しします。"金曜日（FRIDAY）"の語源になった古代スカンジナビアの愛の女神フレイヤ（ギリシャの美、独立、愛の女神アフロディーテの聖地でもあります）にちなんで、金曜日につくることをお勧めします。

マジカル・ラブチャームをつくったら、フレイヤまたはアフロディーテにチャームを祝福してもらいましょう！

◉準備する材料

- □ 赤い布をハート型に切り抜いたもの
- □ 赤いベルベットまたはシルクの布（小さいポーチをつくるのに必要な分、大体20cm四方くらい）
- □ クローブ（数本）
- □ ドライオレンジの皮（適量）
- □ ドライフラワー（ローズの花びら適量）
- □ シナモンスティック（パウダーシナモンでも可）
- □ ローズクオーツまたは研磨していないルビーあるいはガーネット（それぞれのストーンのエネルギーは異なるので、自分にいちばんフィットするものを選んでください）
- □ 赤い布と縫い針
- □ 赤いリボン

◉チャームづくりの手順

① ハート型に切り抜いた布を胸に当て、深い呼吸をゆっくりと7回繰り返します。その間、小さな声で“愛”“愛しています”“最愛”“愛する人”“愛する友”という言葉や、ポーチに込める想いなどを囁きます。愛に包まれたエネルギーからブレないように、猜疑心や懐疑的な想いが浮上しても執着しないようにしてください。

② ハート型の布にエネルギーを充電したら、赤いベルベットまたはシルクの布の中心に置き、さらにその上に準備した材料を置きます。

甘い感情、喜び、健康的な愛にはオレンジを、真実の愛、美しさにはローズを、スパイスと色気にはシナモン、そして浄化とヒーリングにクローブです。

最後に、クリスタルまたはジェムストーンをいちばん上に乗せます。

そして、ポーチに封じ込めたい願い、想いを息とともに吐き出します。

③ ここまで終えたら、赤いベルベットまたはシルクの布をポーチ形にたたんで、縫い針で縫っていきます。材料はそのままなかに納まるようにしておきます。上部だけ空けておくようにして、そこは最後に赤いヒモでしっかりと結んで封をします。結ぶときに、１回結ぶごとに次のフレーズを唱え、合計３回唱えてください。

３倍返しの法則のパワーによって、
わたしの意図した通りになりますように

By the power of three times three,
As I do will, so mote it be

④ 出来上がったポーチはベッドの枕元につるしたり、枕の下にはさんだり、特別なお出かけのとき洋服の内側にお守り代わりに付けるとよいでしょう。愛がじわじわと広がっていきます。

この魔術はフリースピリットで行うことがとても大切です。だれか特定の人との関係を深めるために、というような意図をもって行う魔術ではありません。これはぜひ覚えておいてください。

皆さんが思っている以上にこの魔術はパワフルで、感情的で、不安定なエネルギーに触れることになります。ですから、どうかスペルを行うことへの尊敬の気持ち、敬愛の気持ちを忘れずに。

Cards of Love
愛のカードリーディング

カードリーディングも魔術のひとつです。ここでは占いのテクニックを習得します。そして女神アフロディーテとともにワークをします。リーディン

グに使うカードは、もちろんあなたがお気に入りのタロットカードやオラクルカードを使うのがなによりです！　わたし（ルーシー）のカードもお勧めです。

◉用意するもの

- □ お気に入りのオラクルカード、またはタロットカード
- □ 赤いキャンドル数本
- □ ロマンティックで官能的な赤色の布（祭壇用）
- □ ローズクオーツ、または研磨されていないルビーかガーネット（祭壇用）

◉カードリーディングの手順

① サークルを開きます。

② 祭壇用に準備した材料で美しくディスプレーし、キャンドルに火を灯します。

③ カードをシャッフルしながら頭のなかで質問を繰り返します。充分だと思うまでシャッフルをします。もし単純に今のパートナーとのあいだに生じている障壁をクリアにしたい場合であれば、カードを３分割してください。３分割したひとつを、上下逆さまに置いて、残りの２分割したカードとふたたびひとつに束ね、再度シャッフルします。

この方法は、なにか行き詰っていること、気づかねばならぬこと、自分のなかで否定しているなにか、を導き出すのにとても効果的な方法です。

そのほかの問題が生じている場合は、シャッフル→カード３分割→ひとつに束ねる、というシンプルな手順で終了します。

④ ひとつの束になったカードのいちばん上から３枚を順番に引き、祭壇に左から右に向かって３枚並べます。さらにデッキから３枚を引いて、今度は祭壇の右側に、左から右に向かって３枚並べます。

その後、さらに３枚のカードを引き、１枚目は、６枚並べたカードの上に、２枚目は６枚のカードの下に、３枚目は、右側に配置した３

枚のカードのいちばん右側に置きます。

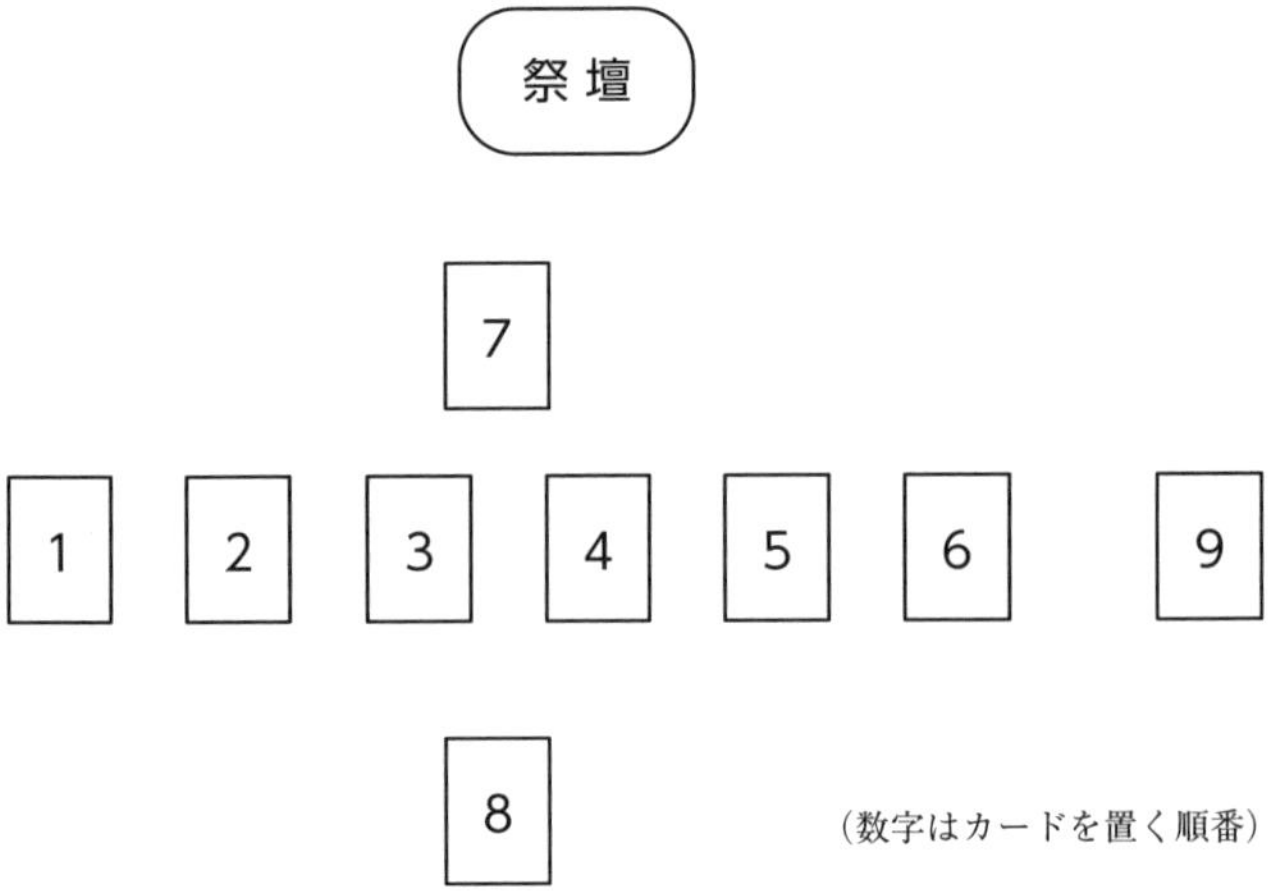

（数字はカードを置く順番）

⑤ 左側の３枚のカードは、あなたのパートナーあるいはつながりを感じている相手のことを語るカードです。この３枚のいちばん左は、相手のあなたに対する本当の気持ち、２枚目は相手のあなたに対する態度、３枚目は相手の気持ちが今後どのように発展していくか、をそれぞれ示しています。

⑥ 右側の３枚と、あとから追加したカードを含めた４枚のカードは、あなた自身のことを語るカードです。いちばん左側、１枚目のカードはあなたの本当の気持ち、２枚目はあなたの相手に対する態度、３枚目はあなたの気持ちが今後どのように発展していくかを示しています。

⑦ そして、いちばん右側の４枚目のカードは、ふたりの関係の運命を示しています。７枚のカードの下に置いたカードは、今後ふたりのあいだで発生する問題、ブロック、チャレンジやふたりでともに克服すべき課題などを示しています。上に置いたカードは、ふたりの関係に対する総合的なガイダンスです。

⑧ カードから受け取ったメッセージや感じたことをあなたのグリモワールにメモしておきましょう。カードをシャッフルし、質問を投げかけ

た瞬間からエネルギーは動き、真実のガイダンスを求めたことになります。カードはけっして嘘をつきません。アフロディーテからのアドバイスに真摯に耳を傾けましょう。

⑨ 願いを込め、感謝の気持ちを捧げながらキャンドルを吹き消します。

⑩ サークルを閉じます。

⑪ アフロディーテに感謝の気持ちを捧げ、彼女からのアドバイスを信頼すると同時に、あなた自身への自信も深めてください。

Dreaming of love Pillow
愛の小さな枕をつくろう！

愛の枕はとてもファンタスティックなツールです！　美しい香りに封印されたエネルギーが、毎晩あなたが寝ているあいだにしっかりと変化を促してくれます。なによりも、就寝中はわたしたちが魔力やエネルギーに対してもっともオープンで受け入れ易い状態になっているので、心の奥深い部分までその効果は広がります。

◉準備する材料

- □ ローズの花びら（手のひら一杯くらい）
- □ 乾燥ジャスミン（手のひら一杯くらい）
- □ ローズマリーの枝（適量）
- □ ローレルの葉（適量）
- □ コショウの実（適量）
- □ ラベンダーの花（少々）
- □ カモミールの花（もしあれば、少々）
- □ 真っ赤な糸と縫い針
- □ 羊皮紙と深紅色または紫のインクペン
- □ エッセンシャルオイル　数滴（ラベンダー、ローズ、ローズウッド、ローズゼラニウム、パッチョウリのなかから選んでください）

□ 柔らかい愛らしい深い赤色の布

□ （オプション）愛にちょっとした楽しさやファンキーな雰囲気を追加したい場合には、乾燥マンゴスティックを加えてください。インディアンストアや自然食料品店などで売っています。マンゴは愛の魔術に使う代表的なアイテムとして知られています。

◉枕づくりの手順

① 愛の日である金曜日に行うのが理想的ですが、ほかの日でも構いません。ただし時間帯は夜７時ころ、しかも月が新月から満月へと移り変わる時期がよいでしょう。月が欠けていく時期に行うのはお勧めしません。

② 用意したハーブ、花びらなどをすべてボール（器）に入れてよく混ぜ合わせます。もしコルドロンがあれば、そちらを使うとよりよいでしょう。マンゴスティックを用意した場合は、ここでかきまぜてください。

③ 羊皮紙に、たとえば、どんな愛情関係を望んでいるかを、自由に思いつくままに言葉にして書いてみましょう。そして、言葉と言葉のあいだにあなたの名前をその都度挿入すると魔術の効果がさらに高まります。

　書き終えたら、エッセンシャルオイルを羊皮紙に数滴たらします。

④ 赤い布と赤い糸、縫い針を使って、四角形の袋状に縫い合わせます。ここに用意したハーブなどを入れるので、最後の部分は、材料が入れられる分だけ空けておきます。縫いながら、愛の関係に求める単語をランダムに思いつくままに唱えましょう。“楽しさ”“会話”“冒険”“情熱的なキス”……それはどんな言葉でも構いません。一針一針にあなたの愛に対するエネルギーがいっしょに縫いこめられていくことを忘れないでください。

⑤ 縫い終わったら、ハーブや花びらをなかに入れ、以下のフレーズを唱えます。

一針ごとに
わたしのスペルが真実となり
真実の愛が
現実になります

With every stitch
My spell is true
My true love now
I dream of you

針や待ち針は実はとてもマジカルなツールで、手縫いするという行為は、実際に縫っているものにエネルギーを与え変化をもたらすパワーを持っています。

⑥ すべての材料を詰めたら、その部分をさらに縫い合わせて小さな枕の完成です。

⑦ いつも使っている枕の下にこの愛の枕を置いて寝ましょう。真実の愛を日々実感するでしょう。なにかのメッセージが夢に出てくることがあるかもしれません。

Love Goddess spell
愛の女神の魔術

女神とのつながりを深めたいときや、日ごろから女神とワークをしている人はこの魔法がとてもお勧めです。愛の女神リアノン、イシュタル、アフロディーテがあなたのハートに愛の炎を点火します。

◉準備するもの

□ ピンクか赤、またはオレンジ色のキャンドル

□ ハートの形のタリスマン（お守り）。もしなければ、ジュエリーショップやストーンショップで販売されています、なにか特別な思い入れがあるものならもっとよいでしょう）
□ ローズの花びら
□ ピンクか赤、またはオレンジ色の小さなポーチ
□ エッセンシャルオイル（数滴）～ラベンダー、ローズ、ローズウッド、ローズゼラニウム、パッチョウリのなかから選んでください

◉スペルの手順

① 金曜日の午前中に祭壇のある場所でサークルをキャストします。
② あなたの身体が光線で囲まれるイメージで、人差し指を使って空中を反時計回りになぞります。
③ 美しいキラキラした白い光線があなたを包み込み、この空間を守り、エネルギーを与えてくれるのを感じましょう。
④ ４つの方向のエレメンツを次のフレーズを唱えながら召喚します。（基本篇59ページ参照）

大地、風、火、水それぞれのスピリッツをこのサークルに召喚します
ここに祝福を！

I welcome the spirits of the earth, air, fire and water to this circle.
Blessed be!

⑤ キャンドルを手に持ち、上から下に向かってオイルを塗り、その上から"love"という文字を彫ります。
⑥ そのキャンドルを胸の前で手に持ち、あなたのハートから愛がキャンドルに注ぎ込まれる様子を感じてください。あなたの愛のエネルギーが大きく広がり、光とともに外の世界に放出されていきます。
⑦ 次のフレーズを唱えます。

リアノン、イシュタル、アフロディーテによって
今、わたしの愛のエネルギーは点火されました
与えたものが3倍になって返ってきます
そうありますように

By Rhiannon, Ishtar and Aphrodite
I now ignite my love energy
By all the power of three times three
As I do will, so mote it be

⑧ パワフルで魅力的な愛のエネルギーを感じ、望ましいエネルギーがキャンドルに注ぎ込まれる様子を感じきったら、キャンドルを祭壇に置き、火を灯します。あなたの愛にあふれる魅力がより生きいきと感じられるでしょう。

⑨ ハート型のタリスマンを手に取り、胸の前に持ち、次のフレーズを唱えます。

リアノン、イシュタル、アフロディーテによって
今、愛のエネルギーがわたしに注ぎ込まれました。
与えたものが3倍になって返ってきます
そうありますように

By Rhiannon, Ishtar and Aphrodite
A loving heart I draw to me
By all the power of three times three
As I do will, so mote it be

⑩ キャンドルといっしょにハート型のタリスマンを祭壇に飾ります。こ

の愛のスペルのパワーを感じ、そのエネルギーがあなたのハートのメッセンジャーとなって外に大きく広がっていきます。

⑪ こんどはローズの花びらを手に取り、胸の前に持ち、次のフレーズを唱えます。

リアノン、イシュタル、アフロディーテによって
今、とても甘い愛がわたしの元にやってきました
与えたものが3倍になって返ってきます
そうありますように

By Rhiannon, Ishtar and Aphrodite
A love so sweet now comes to me
By all the powers of three times three
As I do will so mote it be

⑫ キャンドル、タリスマンといっしょにローズの花びらを祭壇に飾ります。今後、どんな人があなたと関わりを持とうとも、あなたは深い慈愛で常に最高の結果を導くことができ、あなたを幸運へと導くでしょう。

⑬ 祭壇の前に立ち、両手を外側に広げ、母なる地球からの無償の愛があなたに注がれ、体内のあらゆる細胞に光がさしこみ、真実の愛に目覚める準備ができたことを実感しましょう。そしてそのままの状態で、次のフレーズを３回唱えます。

わたしは望まれるべき美しい存在です
愛される価値があり、愛されていて、愛しています
わたしは愛されています

I am a beautiful, desirable being

I am worth loving.I love. I am loved. I love
I am loved

⑭ キャンドルが燃え尽きたら､燃え残りの蝋とハートのタリスマン､ローズの花びらすべてを用意しておいた小さなポーチのなかに入れます。

⑮ 紐で入り口を３回、結びながら次のフレーズを唱えます。

このスペルが3倍返しの法則で
バウンドしてきます
真実の愛がわたしの元にやってきます
そうありますように

Bound around this spell shall be
By all the powers of three times three
My true love now comes to me
As I do will, so mote it be

⑯ エレメンツに感謝を捧げながら、サークルを開いたときと同じ方角から時計回りに人差し指を空中に差し出して美しいエネルギーがそこから出ている状態で、円を描きながらサークルを閉じます。

⑰ アフロディーテのフルーツであるリンゴなど、甘いものを食べてグラウンディングします。

⑱ 金曜日の日中は、ポーチを持って外出するとよいでしょう。

⑲ 金曜日の夜はポーチからハート型のタリスマンを取り出し、ネックレスとして着けるか、洋服にチャームのように着けるとよいでしょう。その場合、最低でも１週間は毎日着けてください。正確に言うと、このスペルを行った金曜日の同じ時刻まできっちり１週間継続すると、マジックの恩恵を最大限受け取ることができます。

Beltane garland
ベルテーンリースをつくろう

ベルテーンは古代ケルト文化におけるお祭で、ウィッカのお祭としても知られています。受胎と誓約を祝います。このスペルは愛を引き寄せるためのものですが、年間通じていつでも行えます。

◉準備する材料

- □ 頑丈でフレキシブルなツル（１ｍくらい、ジャスミンなどがお勧め）
- □ ローズマリーやラベンダーなどの茎の長いハーブ（適量）
- □ ローズやガーデニアなどお気に入りの花（適量）
- □ 鈴、リボン、布などで自由にアレンジしてください

◉リース作りの手順

① ツルを３本使って三つ編みをつくります。きっちりと編み込むよりはちょっと緩めにソフトな力加減で編み込むときれいです。でも緩すぎると解けてしまうのでちょうどよい加減を調節してください。三つ編みをしながら、次のフレーズを優しく唱えましょう。

この美しいリースから愛が新しく生まれてきます
価値のある心温まる純粋で真実の愛
忠実で誠実で永遠で優しい愛
今、このリースにその想いを込めて

Through this circle love enters anew
Worthy, heartfelt, pure and true
Steadfast, honest, lasting, kind
Into this garland I now bind

② 手ごろな長さまで編んだら、両端をしっかりと結び輪にします。用意したハーブや花をツルのあいだにお好みで飾りましょう。妖精を呼び込みたい場合には小さな鈴をツルにつけましょう。愛のサポートに妖精はぴったりなのです！

③ お好みのリースをつくり終えたら、パワフルで愛らしいエネルギーにあふれたリースを玄関のドアに飾りましょう。いちばんよいのは、新月から満月へ向かう時期、あるいは金曜日です。もちろんそのなかでもベルテーン祝祭の時期であれば、最高です。伝統的なベルテーン祝祭は北半球では毎年４月30日、５月１日、南半球では10月31日、11月１日です。

Separation spell
別れの魔術

これは、もともと親しい友人のためにつくったスペルです。友人は別れた恋人への想いを吹っ切るのにとても辛い思いをしていたからです。当時、わたしのグリモワールには彼女がどれほど辛い想いをしていたのかが鮮明につづられています。わたしの友人と同じように悲しみから抜け出せずにいるあなたの心の痛みが、この魔術で少しでも緩和されることを願っています。

別れの魔術は裸で行うのがいちばん効果的です。なぜなら洋服やアクセサリーなどにも過去の関係のエネルギーが残存しているからです。そして完全に終了するまではシャワーやお風呂に入らないようにしましょう。魔術のあとで、しっかりとレモンマートルかシトラスベースのソープで身体をクレンジングします。

◉準備するもの

□ 粘土（手ごろな柔らかさの粘土。小さい人形を２体つくれるくらいの量）

□ 素焼きの植木鉢と土、または庭がある場合には屋外の土をそのまま利

用します

- □ レモンバーベナ（ハーブ）の苗（植木鉢にちょうどよい量、または庭に植えたい量）
- □ 聖水。クレンジングとクリアリングを意図してチャージされたものがベスト。月が欠けている時期またはダークムーンの日に汲み取った水であればさらに効果的。チャリス（聖杯）またはコルドロンに入れておきます。
- □ ペンと紙

◉スペルの手順

① サークルをキャストします。サークル内で素焼きの植木鉢に土を入れます。庭の土を使う場合は、最初からその場所でサークルをキャストしてください。土（または土を入れた植木鉢）をヒーリングエネルギーで満たしてください。

② サークル内に留まったまま、粘土を手に取り、人形を２体つくります。このフィギュアがあなたと、きっぱり別れたい相手を象徴しています。フィギュア２体に自分の感情をしっかりと注ぎ込んでください。そして、単なる粘土でできたフィギュアとしてではなく、リアルな感情を持つ小さな人間として想いを込めてください。

③ 小さなふたりを土（または植木鉢）に埋めます。

④ 見えなくなるまでしっかりと埋めると、あなたの感情はすでに過去から切り離されています。それを感じてください。

⑤ 軽く目を閉じ、瞑想状態に入り、どのようにしたら自分が気持ちを転換していけるか考えてみましょう。いろいろな想いや言葉が出てくるでしょう。紙とペンを手に取りすべてを記録します。そして、この先、なにを達成したいか、どんな自分になりたいかを書きます。

⑥ ここまで終えたら、小さなふたりを埋めた土を祝福してもらえるよう、あなたの意志を宇宙にしっかり投げかけます。

⑦ 最後にレモンバーベナを、土（または植木鉢）に埋め、聖水を上からかけます。

人生は輪のように巡りめぐっていて、ここに悲しみがあり、向こう側に喜びが待っています。つねにプラスとマイナスが巡りめぐることを知ってください。息吹があり枯れた葉があり、世の中はこうしてめぐっていきます。あなたにも同じようにヒーリングが施され、悲しみの次には喜びが待っていることを知ってください。

⑧ 以下のフレーズを３回唱えます。

この輪は巡る

This wheel shall turn

ここで意図していることは、今あなたが抱えている感情、悲しみや苦しみは、いずれ変化するということを知ることです。時間や季節は変わりつづけ、常に動いていきます。止まることはありません。あなたの感情も同じです。自然のサイクルとともに感情も変化していくのです。変化を諦め、記憶や過去の辛い思い出のなかで生きていく必要はありません。植物同様、生きながら、変化していくのです。

⑨ サークルを閉じ、ふたりの人形を埋めた土の周りを太陽のまわる逆方向に一周します（北半球では反時計回り、南半球では時計回り）。

⑩ 時間とともに、埋めた人形２体は土に還り、それは植えたレモンバーベナの根となり育っていきます。心の痛み、悲しみ、後悔、苦しみは消えてなくなります。そして同じ土から新らしい生命が育ち、新しい関係、新しい冒険が花となります。レモンバーベナのパワーがあなたを癒してゆきます。

⑫ 育ったレモンバーベナからマジカルティーをつくれば、さらに癒しが加速され幸運と未来の夢に一歩近づくでしょう（作り方は次項参照）。

（補足）この魔術は、愛に関わる別れだけではなく、仕事の終焉、友情関係の変化、家族の分裂（両親の離婚など）にも同じように適用できます。ふたつの人形をつくるときに、意図する相手を変えるだけで手順は同じです。その

ほかにも、死別した人への感情が断ち切れない場合などにも使えます。(愛する人、家族、ペットなどです)。ただ、筆者としては、読者の皆さんがこのスペルを行う必要がないことを心から願っています。

Love potion Tea
ラブポーションティー

ティーはもっとも簡単で効果があるマジカルポーションです。ひとつ前のスペルで紹介したレモンバーベナを使って、未来に向かって素敵な関係を築き上げていくためのティーをつくってみましょう！

◉準備するもの

□　よく茂ったレモンバーベナから全体の1/3程度の葉っぱを優しく刈り取りましょう。生い茂った葉っぱは適宜、刈り取った方がよく育ちます。乾いた布の上に重ならないように葉っぱを敷き詰め、屋外や風通しのよい場所で乾燥させます。祭壇の上でもよいでしょう。風で葉っぱが飛ばされないように、ネットなどをかぶせることをお勧めします。完全に乾燥したら、密閉タイプの瓶や缶に入れて、湿気を避けて保管します。つくった日付などを記入しておくと便利ですよ！

◉ティーづくりの手順

①　手でリーフを小さくちぎって細かくします。このとき、リーフに向かってあなたが大切にしている言葉を投げかけてください。たとえば、“幸運”“幸せ”“喜び”“流れ”“友情”“愛情”などです。

②　細かくなったリーフをスプーン１杯程度すくい、沸騰したお湯を注いだカップのなかに入れます。このとき、自分のなかになにか取り除きたいよくない感情があるときには、スプーンで太陽の動きと逆方向(北半球は反時計回り、南半球は時計回り）にかき混ぜましょう。逆に、現在の関係に新しいエネルギーを呼び込みたいときには、逆回転にかき混

ぜましょう。

③　お湯の温度が下がって適温になったころ、出来上がったティーを一気に飲み干しましょう。とくに、グリモワールに記録をつけているときなどにお勧めです。また、ほかのティーとブレンドするとより鮮明なインスピレーションが沸いてきます。

♥愛を呼び込みたいとき▶レモンバーベナの花びら２枚、ローズの花びら１枚を追加。

♥愛の夢を見たいとき▶レモンバーベナの花びら２枚、ラベンダーまたはオオヨモギをほんのひとつまみ加えてみましょう。この２種類のハーブはとても鮮明で鋭い夢を実現してくれます。

♥今の関係にちょっと刺激がほしいとき▶レモンバーベナにオレンジの皮を追加。

♥愛を浄化したいとき▶レモンバーベナにレモンの皮を追加します。

♥愛を活気づけたいとき▶レモンバーベナにライムの皮を加えます。

♥愛に関する記憶力を活性化させたいとき▶レモンバーベナにミントを合わせます。結婚記念日やパートナーの誕生日を忘れがちな人にお勧めです！

A Ritual bath to draw Love
愛を引き寄せる魔法の入浴法

金曜日は、愛の女神フレイヤとアフロディーテの聖なる日で、自己愛を高めるには最適な日です。

入浴前に、キャンドルに火を灯してグリモワールを書きましょう。愛に関することについて思いつくままに綴ります。じっくり時間をかけて、自分のよい部分に気付きを得て、愛される価値があることを意図し実感しましょう。そして、これからあなたの人生にすばらしい愛が芽生え、相手を魅了する存在であることを確認します。

グリモワールに想いを綴ったら、暖かいお風呂に入り、ピンク色のキャン

ドルを灯し、バスタブにローズオットーかローズマロック、あるいはローズゼラニウムのいずれかのエッセンシャルオイルを７滴たらします。

淡い香りに包まれながらピンク色のキャンドルの元で入浴を楽しんでいるあいだ、パートナーになにを求めたいかについて熟考してみましょう。あなたがなにを求めたいのかをよく考えることがここでは重要です。けっして、特定の「だれか」といっしょになりたい、という願いを熟考する時間ではありません。

しっかりと身体が温まり、想いがクリアになったら、お風呂から上がりお気に入りの洋服、室内着を身につけて、アフロディーテの聖なる食べ物、リンゴを食べましょう。お風呂の中で熟考した想い、愛のエネルギーにしばらくのあいだ、身を置きます。優しい癒しのエネルギーが活気を取り戻してくれるでしょう。

寝るときにも、喜びと愛の感情だけを抱えて眠りについてください。本篇46ページで紹介した愛のマクラを使うとよりよいでしょう。

A spell to heal an argument
仲直りをするときの魔術

人はだれでも友だちや恋人、家族と言い争いをしたり、けんかをしたり、不仲になることがあります。感情が高ぶっているときには素直になれないこともあるでしょう。少し落ち着きを取り戻したころに、この魔術を行いましょう。

◉準備するもの

- □ 女友だちとの友情を修復したいとき：丸いサツマイモ
- □ 恋人と仲直りしたいとき：梨
- □ 不誠実さが原因で失恋したとき：リンゴ
- □ 男友だちとの友情を修復したいとき：細長いサツマイモ
- □ ハチミツ（スプーン一杯）
- □ 緑色の糸（適量）

□　赤い糸（適量）

◉スペルの手順

① サークルをキャストします。
② 友情を修復したいときは、女神ヒナを召喚します。
③ 用意したフルーツまたは野菜を縦長に半分に２分割します。
④ 以下のフレーズを唱えます。

ここにあるのが、わたしたちのいざこざ、悲しみ、別れのすべてです
This is our quarrel, our sadness, our parting

⑤ ふたつに割ったフルーツ（野菜）の中心にハチミツを塗り、以下のフレーズを唱えます。

この誤解が修復されますように
Let misunderstanding end

⑥ 半分にしたふたつをふたたび切り目を合わせてひとつの形に戻します。ハチミツを糊の代わりにして、ふたつに割れたフルーツ（野菜）をくっつけます。実際にくっつかなくても構いません。ハチミツを使って擬似的にふたりの関係が修復されることを意図するための作業です。
⑦ 以下のフレーズを唱えます。

わたしたちの関係がふたたびスィートなものになりますように
Let sweetness join us once again

⑧ 緑色の糸で、ふたつに割れたフルーツ（野菜）を、９回糸を巻きつけてひとつに束ねます。
⑨ 同じように赤い糸を取り出し、９回、糸を巻きつけてひとつに束ね、

下記のフレーズを唱えます。

わたしたちふたりの愛がふたたび力強く育っていきますように
Let love between us grow strong once again

⑩ フルーツ（野菜）を180度に熱したオーブンに入れ、柔らかくなるまで調理します。
⑪ 出来上がったフルーツ（野菜）をクリームまたはハチミツといっしょに食べます。サツマイモの場合には、ふたりの関係を浄化するためにクリームやハチミツの代わりに、塩か醤油とガーリックを使って味付けをして食べます。甘い食べ物はふたりのあいだに愛と気持ちのよい感情を育ててくれます。
⑫ フルーツ（野菜）を食べ終えたら、魔術で意図した友だちや恋人などに連絡をとり、ケンカをしたこと、不仲になったことについて謝りましょう。もう一度以前のように仲のよい関係を復活させたいと相手に伝えます。そのあとの結果については神、女神、天に任せましょう。あなたにとって最善の結果だけがもたらされることを信じましょう。
⑬ サークルを閉じます。あなたと友だち、恋人との関係がふたたび生まれ変わる日はもうすぐです。

Path-clearing and forgiveness spell
縁切りの魔術

過去をひきずっている関係の不要になった残存エネルギーに今も影響を受けているケースで、ネガティブな関係を一掃し、新たなポジティブなエネルギーで前進するのをあと押しする魔術です。

◉準備するもの

□ アサメイまたはボリーンなど自分用のナイフ

□ 金色のキャンドルと緑色のキャンドル１本ずつ
□ フランキンセンスまたはフランキンセンスのお香
□ 聖水
□ 天然の海塩
□ 黒いペン
□ 金色の紙
□ サンダルウッドとスィートオレンジをブレンドしたエッセンシャルオイル（数滴）

◉スペルの手順

① 部屋をきれいに片付けてスマッジスティックで浄化し、魔法のホウキで床を掃いて仕上げます。このときに、あなたが抱えている悲しみや、もう不要な過去の記憶もいっしょに掃き出してしまうことを意図しましょう。家に頻繁に訪れた人やともに過ごした人たちのエネルギーは長い期間周囲に残るので、まず空間をきれいにして気分を一新するのはより自由な気持ちを持つためにとても大切です。

② 稲の収穫用の大鎌を持っているイメージでアサメイを使って、サークルをキャストします。

③ キャンドルに火を灯したら、手に持って次のフレーズを唱えます。

火のスピリットを召喚します
I welcome the spirits of fire

④ フランキンセンス（お香）に火をつけ、手に持ちながら下のフレーズを唱えます。

風のスピリットを召喚します
I welcome the spirits of air

⑤　聖水を一口飲み、次のフレーズを唱えます。

水のスピリットを召喚します
I welcome the spirits of water

⑥　天然海塩を手にもち、次のフレーズを唱えます。

大地のスピリットを召喚します
I welcome the spirits of the earth

⑦　インセンスの煙をアサメイで３回ほどカットします。これによって煙が完全に空間を浄化しクレンジングされます。そして声に出して次の宣言を読みます。

わたしと（縁を切りたい相手の名前）のあいだに繋がる
すべての縁を絶つことを宣言します
わたしたちがお互いに自由でそれぞれの人生を歩いてゆけるように
わたしたちがこの先、いかなる形でも交わることがないように
わたしは自由です
わたしたちのあいだにはどんなつながりも存在しません
過去、現在、未来においてつながりは絶たれました

I now ask for any cords between me and [name of person
you wish to be free of here] to be unbound, for us to be free to
go our own ways, for us to no longer impact on each other
in the way we once did. I am free, and there are no ties
that bind us, from our past lives, our present lives, nor
in our future lives.

⑧ アサメイを手に持ち、相手とつながりがあると感じられる部分（通常、みぞおちやハートのチャクラの辺り）をアサメイで力強く、しかも慎重に（ほかの関係ない人とのコードも切ってしまわないように）、カットします。そしてこう唱えます。

わたしたちはもう自由です。あなたもどうかお元気で
わたしはもう過去に縛られてはいません

We are now free. I wish you well
but on the past I do not dwell

⑨ 過去の関係において後悔していることがあれば、黒いペンを使って金色の紙にそれらを書き出します。書きながら、完全にそれらの事柄に決別を意図してください。まだ自分のなかで気になっている人や物事があれば、それらをすべて手放すのが今、この時です。
⑩ 金色の紙に書き出したリスト、メモを焼きます。感情を込めて、思いやりの気持ちをもって、書いた内容に対してさようならをしてください。
⑪ 自分の身体でまだ過去のエネルギーを保持していると思われる部分にオイルを塗ります。
⑫ サークルを閉じます。

スペルによってあなたに前進する力がみなぎってくるのを信じ、感じてください。そして実際になにかしらの行動を起こしてください。魔力が影響しはじめると、よりエネルギッシュに明るい毎日を送れるように変化をしていきます。

フランキンセンスを塗ったキャンドルを用意し火をつけ、そのキャンドルを一周するように反時計回りに塩をまき、魔術を行った部屋をクリアにします。

Letting go of grief spell
悲しみを手放す魔術

あなたが抱えている悲しみや怒りの感情をこの魔術（スペル）で開放します。月が欠けていく時期の土曜日にこのスペルを行うことをお勧めします。

◉準備するもの

- □ 天然塩にクローブ、フランキンセンス、ドラゴンズ・ブラッドを混ぜたもの。（ドラゴンズ・ブラッドの入手が困難だったり、予算的にむずかしいという場合は、ローレルの葉と黒コショウでも同じ効果があります）
- □ ジュニパーベリー（少々）
- □ 卵（放し飼いで育った鶏が産んだものがお勧めです）
- □ 黒または濃いブルー（紺色）のキャンドル
- □ 水を入れた器（ボール）にレモンバーベナの葉をちぎって入れたもの

◉スペルの手順

① バスタブにお湯を張り、用意した天然塩（材料を混ぜ合わせたもの）を手のひら３杯程度、お湯に溶かし、ジュニパーベリーを浮かべ、軽くかき混ぜたら、卵をそのまま浮かべます。

② キャンドルに火を灯し、バスルームの電気を消します。憤慨していること、悲しみを引き起こす原因となった出来事、状況について思いをめぐらします。ただしそのときの感情を感じるにとどめて、自分自身を責めないようにしましょう。

③ 湧き上がる感情があなたの身体からバスタブのお湯に流れ出て、そのまま浮かんだ卵に吸い込まれていきます。なかなか消えない苦痛や怒りもあなたの足先や手の先からすべて流れ出てお湯に溶け、そして卵に吸い込まれていきます。このイメージワークをしばらく繰り返し、体内にある怒りや悲しみの感情が完全になくなったと感じたら、バス

タブのお湯の栓を抜きすべて流します。これでお湯に吸収されたあなたの過去の感情もすべて流されます。

お風呂から上がり、暖かい洋服を着て、バスタブに浮かべた卵を庭に穴を掘って土のなかに埋めます。その上から水をかけて、土をさらに盛って、完全に卵を埋めます。そして、自分の感情をすべて吸収してくれた卵に感謝の気持ちを捧げます。これであなたは新しい人生を歩みはじめることができます。

この魔術は、行うタイミングに注意が必要です。

あるとき、わたしの親しい友人が恋人と激しいケンカの末別れたとき、わたしは、彼女にこうアドバイスをしました。

もう少し時間を置いて気持ちが収まるのを待って、魔術にどんなことを意図したいのかはっきりと冷静に考えられるようになってから行うようにと。

ところが、彼女はわたしの忠告を聞かずに一刻も早く苦しみから抜け出したいために、すぐに行ってしまいました。その結果、どうなったかというと、魔術を行った数日後、彼女はショックを隠しきれずにわたしに電話をしてきました。

庭に埋めたはずの卵がどういうわけか、土の上に出ていたのです！　そして、それを見つけた元彼氏が、卵を拾い壁に向かって投げつけたというではありませんか！

彼女の努力は水泡に帰したのです。ですから、あなたがどんなに辛い状態に置かれたとしても、起きたことを冷静に見つめられるようになるまでは、この魔術は行わないでください。

To be desired blend
パワフルな天然バスソルトをつくろう

パワフルで効力が大きい情熱的な天然バスソルトをつくります。

◉準備する材料

□　シルバー製の器（ボール）

□　海から採取したサンゴのかけら

□　雄ジカの枝角。ケルト神話の神ケルヌンノスのシンボル

□　大きめで光沢があるローズクオーツ

□　バラの花びら（手のひら半分くらいの量）

□　クローブ（少々）

□　ローズマリー（手のひら半分くらいの量）

□　シーソルト（天然海塩）（1カップ）

□　ピンクヒマラヤンソルト（ヒマラヤ天然塩）（1カップ）

□　ローズ アブソルート（9滴）

□　スィートオレンジ　エッセンシャルオイル（9滴）

□　パッチョウリ　エッセンシャルオイル（3滴）

□　ホワイトグレープフルーツ　エッセンシャルオイル（5滴）

□　シナモンスティック

□　密閉式ガラス製ボトル（容器）

◉バスソルトづくりの手順

①　すべての材料をシルバー製の器に入れ、鹿の角とサンゴのかけらで軽くかき混ぜます。角とサンゴのかけらも器に入れたまま、新月から満月になるまでのあいだに月光浴をしてチャージします。

②　チャージが完了したら、角とサンゴのかけらを取り除きます。

③　月の光の下で、シナモンスティックで太陽の回転方向（北半球では時計回り、南半球では反時計回り）に材料を混ぜ合わせます。

④　密閉式の容器に保管をし、必要に応じて使いましょう。

この天然バスソルトの使い方は次節で説明します。

Powerful love spell - a return to love
シングル生活から抜け出す魔術

この魔術は、シングル生活を長く送る人にとってとても効果的です。恋人と最近別れたばかり、というケースにはあまり当てはまりません。このふたつのケースはエネルギーが異なるからです。少なくとも、半年以上シングル生活を続けている人はぜひ試してみてください。ふたたび愛が訪れる変化を実感できるでしょう。

満月の夜、月のエネルギーが最高潮に達するタイミングで行うのがベストです。さらに金曜日、あるいはベルテーン祭の時期、時間は夜7時がよいでしょう。

◉準備するもの

- ☐ 前節でつくったパワフルバスソルト（適量を赤いポーチに入れます）
- ☐ キャンドル4本（スペル用2本、エレメンツ召喚用1本、入浴用1本）
- ☐ 小さい器（ボール）
- ☐ 日食、月食時につくられた聖水（古いパターンと習慣を手放すため）
- ☐ 研磨されていないルビーやガーネットなどのジェムストーン
- ☐ 大きめの光沢のあるローズクオーツ
- ☐ お香や花びら（フレンキンセンス、ドラゴンズ・ブラッド、ローズレイジン、ローズマリーなど）
- ☐ 炭（燃えにくい器に入れておくこと）
- ☐ 天然塩（サークルキャスト用）
- ☐ 塩を保管するための赤いポーチ
- ☐ シナモンとハーブを塗った赤いリボン
- ☐ 梨、チョコレートなどの甘いもの（スペル後に食べる）

◉スペルの手順

① サークルをキャストする前にまず入念にお風呂に入り身体を清めましょう。ここで赤いポーチに入れておいたパワフルバスソルトを使うとよいでしょう。

② 入浴中、ルーンのGebo（ゲーボ）を刻んだキャンドルを灯します。

③ 入浴後、魔術を行うスペースを浄化します。キャストするエリアに太陽が動く方向（北半球は時計回り、南半球は反時計回り）にサークルを4分割し、4箇所に目印となるものを置きます。下記にお勧めのアイテムを記載しますが、あなたにフィットするアイテムで構いません。

東＝水（月食・日食時にチャージした聖水数滴を小さな器に入れます）

北＝火（キャンドル）

西＝土（クリスタル）

南＝風（インセンス、アロマ）

火を扱うときには火の元に充分気をつけてください。

④ エリア全体に聖水をスプレーし空間を浄化します。そして、アイテムを置いた場所に沿って、円形に塩を配置します。太陽の動きと同じ方向で進めてください。

⑤ 以上の準備が整ったら、次のフレーズを3回つづけて唱えます。

強い意志を持って
聖なるこの空間を守ります
聖なるガーディアン、聖なるこの空間を
守ってください

I protect my sacred space
My intent is firm and strong
Guardians keep this Holy Place
Nothing enters that does not belong

⑥ サークルを開きます。

⑦ 4方向からそれぞれエレメンツを召喚します。器に水を注ぎます。同時にあなたも喉が潤されるエネルギーを感じてください。

⑧ キャンドルに火をつけるとスピリットも目覚め、魔術の目的にも火が灯ります。

⑨ お香を炊き、煙が空間にまんべんなく行き渡らせるように息を吹きかけます。同時に、思考がクリアになり、あなたが吐息を吹きかけるたびに呼吸は深く力強いものへと変わっていきます。空間が浄化されていく感覚もあるでしょう。

⑩ 心臓の前にクリスタルを手に持ち、少しのあいだ、深呼吸を繰り返します。そして床あるいは作業をしているテーブルなどにクリスタルを置きます。クリスタルから注がれるエネルギー、パワーを感じてください。

　この地球があなたのことをどれほど愛しているかを実感し、あなたも地球に大いなる愛を注ぎましょう。

⑪ この聖なる空間でキャストしたサークル内を歩きながら、次のフレーズを3回唱えます。

サークルをキャストして回るまわる
パワーだけがこの場に残る
サークルをキャストして回るまわる
マジックだけがこの場に残る
サークルをキャストして回るまわる
ガーディアンだけがこの場に残る

Cast a circle round about
Power stay in, world stay out
Cast a circle round about
Magick stay in, world stay out
Cast a circle round about
Guardians stay in, world stay out

⑫　サークル内に立ち、ゆっくりと深呼吸をします。女神たちの存在を感じてください。

⑬　キャンドル２本に自分の名前を刻みます。その内の１本には、名前の下に“beloved”（愛される）と刻んでください。そして、その下には受胎、収穫を意味するルーン「Jera（ヤラ）」（左）を刻みます。もう１本のキャンドルの名前の下には、喜びを意味するルーン「Wunjo（ウンジョー）」（右）を刻みます。

キャンドルを手に持ち、下のフレーズを１度唱えます。

このリボンをハートに結べば
堅く閉ざされたハートがほぐれ
新たな希望が見えてくる
愛され、信頼され、自由で健康で
明るく、勇気を持ち、スピリットは豊かになる

I wind this ribbon this heart around
I soften ties that once were bound
I no longer look, for all is found
Beloved and Truth, Freedom, Health
Courage Bright, Spirit, Wealth

⑭ ローズクオーツをリボンでくるくると包み、リボンを残した状態でそのままキャンドルといっしょにくるみます。
⑮ 決意、情熱、謙虚な気持ちをもって、次のフレーズを唱えます。

アフロディーテ、来てください
あなたのためにスペルをキャストします
深い呼吸、敬愛とともに
あなたのサポートが今、必要です
勇気と愛、真実をわたしに

Aphrodite, come to me
I cast this spell in praise of thee
I honour you with breath and vow
I call to you to help me now
Bring me courage, sweet and true

あなたのサポートのお返しに
わたしの肉体、骨、聖なるわたしのすべてを
愛する人とともに愛することを誓います

In return I promise you
I will honour my flesh and bone
Whether Maiden Mother Crone

I will love myself divine
Until a lover's arms entwine

愛する人はパワフルで忠実で誠実です
心と心でつながり、女神の存在を
思い出させてくれる人です
離れることなく生涯をともにします
この真実が現実になる前に
わたしは、わたしを心から愛することを
誓います

He will be strong, and loyal and true
He will recall the Goddess who
Wove us together, heart to heart
A lifetime together, never to part
Before this truth can come to be
I must now devote myself to me
And in this time of loving self

魂の健康、情熱、喜び、勇気が
わたしを明るく照らし
あなたとともに今宵、火を灯します
わたしの心からの誓いを聞いてください
願うままに
思うままに
願いが現実になりますように

I will win my soul's true health
Passion, joy and courage bright

I ignite with you this night
Now you hear my sacred vow
As I wish it, be it now
As I wish it, be it now
As I wish it, be it now

⑯ アフロディーテに向けた具体的な誓いのリストを書き出しましょう。たとえば、自分の色気に自信をもつ、自分をもっと愛する、パートナーについてもっと自由な選択肢をもつ、などです。

⑰ 書き出したら軽く目を閉じ、アフロディーテからのメッセージに心を寄せ、耳を傾けてみましょう。なにか受け取ったら、それもノートに記入します。

⑱ キャンドルがすべて燃え尽きるのを待ち、魔力がしっかりと効果を発揮していることを知ってください。

⑲ キャンドルを見つめながら、愛に対して望むこと、引き寄せたいことを声に出して言います。しっかりと意図し、アフロディーテに感謝をしながら、次のフレーズを唱えます。

月夜の下でこのスペルをキャストした結果
あなたのパワーはわたしのなかに注ぎ込まれました
心から感謝を捧げ、あなたを歓迎します
この新しい人生をあなたとともに

By moonlight I cast this spell
Into me now your power swells
I thank you now and welcome all
This new life brings, I hear your call

⑳ パワフルソルトが入っていた赤いポーチにクリスタルを入れて、大地

に感謝を捧げます。水をすくってしぶきを赤いポーチに入れて、水に感謝を捧げます。お香をほんの少しポーチに入れて風に感謝を捧げます。そしてキャンドルの燃え残りを少しポーチに入れて火に感謝を捧げます。

㉑ 最後にローズクオーツをポーチに入れてリボンで結びます。

㉒ ポーチの口をリボンで結びながら、次のフレーズを唱えます。

このスペルのパワーが今、わたしに宿りました
思いは現実になります
そうなりますように
願いが現実になりますように

The power of this spell within me
As I do will, so mote it be
As I do will, so mote it be
As I do will, so mote it be

㉓ 感謝を捧げ、サークルを閉じます。キャストしたときと反対方向にサークルを閉じながら、下のフレーズを唱えます。

サークルは開いています。壊れることはありません
サークルは開いています。けっして壊れることはありません

My circle is open, but never is it broken
My circle is open, but never is it broken

㉔ ゆっくりと深い深呼吸をし、エネルギーが変化するのを感じましょう。

㉕ 使用したツールやアイテムをすべてきれいに片付け、掃除機またはホウキで塩を掃除し、空間をきれいにします。

㉖ チョコレート、リンゴ、梨など甘いものを食べてグラウンディングします。

㉗ 月が1周するあいだ（次の満月まで）、ポーチを常に携帯しましょう。寝るときには枕の下に入れるとよいでしょう。次の満月が来たら、ポーチのリボンをはずし、花が咲く元気のよい木にリボンを結びましょう。

12

Protection Spells
あなたを守る18の魔術

雨の日にレインコートを着るように……

わたしたちはだれもが、守りたい人や宝物、思い出の品を持っています。さらに、あなたは定期的に自分自身を守る必要もあります。この章では、そんなとき実際に魔術を施して効力が高かったものを紹介します。ネガティブなエネルギーによって受け止めてしまった呪いや不要なシールドを取り除き、エネルギーアタックから身を防ぎ、それ以上傷つくことがないようにしっかりと自分を保護することが可能です。

ここで紹介するスペルは、雨の日のレインコートやバイクに乗るときのヘルメットのようなものだと思ってください。あなたの肉体と魂が常に健康で安全で、危険な場面をしっかりと乗り越えられるように手助けし、保証するツールです。

もちろん物理的に守るだけではありません。あなたの心理的な面にも影響を及ぼします。つまり、あなた自身の手で自分自身をしっかり守ることの大切さを実感するようになります。スペルを行うことでエネルギーが変化し、ネガティブな行動や態度をとることが少なくなり、同時に、そういった影響も受けにくくなります。

Dark moon spell
あなたに変化をもたらすダークムーンの魔術

ダークムーンの日にもっとも効果を発揮する魔術です。

◉準備するもの

- □ 黒いキャンドル
- □ 炭（少々）
- □ ジュニパーベリー（適量）
- □ 天然塩（手のひら一杯程度）
- □ レモンバーベナ（手のひら一杯程度）

◉スペルの手順

① サークルを開きます。

② 黒いキャンドルに、この先の人生であなたにもう不要だと思う性格などを単語で刻みます。変えたいと思う自分の性格を具体的にひと言で記入するのがコツです。明確な表現であればあるほど、その結果は顕著に表れます。

③ 文字を刻んだ黒いキャンドルをキャンドルホルダーに立てて、火を灯します。

④ ひとかけらの炭に火をつけ、その上でジュニパーベリーを焼きます。病んでいる部分を直す。というイメージではなく、不要な部分が溶け、変化を遂げ、必要のない性格から自由になる、というイメージを思い描いてください。

⑤ 燃えつきるまでキャンドルを燃焼させます。その間、部屋を移動したりその場所を離れるときは、部屋のドアをしっかりと閉じ、スペルの空間を広げないように注意しましょう。サークルをキャストした安定したエネルギーのなかにいることがとても大事だからです。

⑥ 燃焼しきったキャンドルの残りを天然塩と混ぜ合わせ、庭の土または植木鉢などに埋めます。その上にレモンバーベナを適量かぶせます。

⑦ サークルを閉じます。

Removal of Psychic Attack
サイキックアタックを遮断し傷を癒す魔術

このスペルは月が欠けていく時期、あるいはダークムーンの日に行ってください。

◉準備するもの

- □ 乾燥したジュニパーベリー（スプーン1杯）
- □ ローレルの葉
- □ ドラゴンズ・ブラッド（1かけ）
- □ シナモンの粉末
- □ ローズマリー（乾燥・生どちらも可）
- □ チャコールディスク
- □ コルドロンまたは難燃性の容器
- □ アサメイ（オプショナル）

◉スペルの手順

① 魔術を行う聖なるスペースで、静かに黙考します。よい気持ちになろうとか、身体を清めようとするのではなく、自分がサイキックアタックに攻撃されたときの嫌な感情をリアルに感じてください。

② サークルをキャストします。

③ 静かにサークル内に座ります。この段階では、プロテクションの意図を持たないでください。まずはクリーンで、オープンな、クリアな状態をつくります。

④ あなたに対して、意識してか、または無意識のうちに、あるいは理解

不足によってサイキックアタックを仕掛ける人たちの特徴を声に出してみましょう。

⑤ ハーブを器に入れ、半時計回りにかきまぜます。これがサイキックアタックを追放するブレンドになります。

⑥ チャコールディスクに火をつけ、コルドロンまたは難燃性の容器に入れます。

⑦ その上にかき混ぜたハーブを乗せて、煙を炊きます。煙を手ですくって身体中にまんべんなく、くぐらせてください。身体全体が煙をかぶったら、サークルの中心に立ち、あなたにサイキックアタックを仕掛けてくる人（または物）があなたの隣にいるところを想像します。あなたとのあいだにはエネルギーコードがつながっているでしょう。そのコードめがけて、煙を息で吹きかけます。すると煙とともにコードがだんだん消えていきます。

⑧ 女神ブリジッドを呼び出し、コードを完全に断ち切ってもらうようお願いをします。そして、同時にあなたがサイキックアタックによって受けた傷を癒してもらうようにお願いします。もし、あなたがアサメイを持っているなら、ブリジッドにお願いする代わりに自分でこの作業を行っても構いません。ガイドからのメッセージにしたがってください。

⑨ すべての工程が終わったら、ハーブをチャコールディスクの上から取り除き、サークル内にゆっくり静かに座り、センタリングをしてマインドをクリアにします。

⑩ サークルを閉じます。

Super-sensitive empath protection spell
他者に影響されやすい人のための プロテクション・スペル

心が優しく情け深く、人の手助けを積極的に行う人や、直感力に長け、理

解力のある人ほど、エネルギー的に他者からの影響を受けやすい状態にあります。こうした人の場合は、常に自分自身にプロテクションを掛けておくことをお勧めします。

このスペルは、学校や仕事場、家族、友人などあらゆる人間関係のなかに生じる他者の感情や、情緒の影響によって、無意識の内に溜めこんでしまうストレスから身を守ります。

他者の感情を受け取りやすい性格だからといって、引っ込み思案になる必要はありません。あなた自身を守る術を身につけることで、他者とより健康的で、エネルギッシュな関係を築くことが可能になります。

◉準備するもの

- □ ビーズワックス（蜜蝋）キャンドル（1本）
- □ 天然塩（手のひら一杯くらい）
- □ サンダルウッド　エッセンシャルオイル（3滴くらい）
- □ シダ類の植物
- □ 静かに落ち着ける空間（ひとりになれる部屋であればどこでも構いません）

◉スペルの手順

① 20分程度、だれもいないゆっくりと落ち着ける空間を確保してください。バスルームで行うのがお勧めです。

② 蜜蝋キャンドルに火をつけ、キャンドルの周りに天然塩を反時計回りにちりばめて1周します。そのまま、暖かいお風呂に入り、サンダルウッドのエッセンシャルオイルを数滴入れてください。お湯がエネルギーとあなたの肉体、スピリットをクリアにしていることを実感し、そこに喜びがもたされたことに祝福しましょう。

③ 手のひらに塩を手のひら一杯分すくい、東の方角を向いて、下のフレーズを唱えます。

水がわたしの恐れをすべて洗い流し、クリアでクリーンな

流れるような感情を感じられますように

May the waters wash away my fears, and allow me to feel emotionally clear, clean and flowing

④ そのまま手のひらに塩を持った状態で、北の方角を向いて、次のフレーズを言います。

火のパワーと純粋さでわたしの恐れ、恐怖を燃やし
情熱とやる気を感じられますように

May the power and purity of fire burn away my fears and terror, and bring me passion and motivation

⑤ 次に西の方角を向いて、下記のフレーズを唱えます。

大地のパワーで病んでいる肉体を癒し
強くしなやかなで健康な肉体を感じられますように

May the power of earth transform any illness or disease
within my physical self
replacing these with stability, sound support,
and growing wellbeing

⑥ 最後に南の方角を向いて、下のフレーズを唱えます。

風がわたしの思考をクリアにし、平穏な心
活気ある思考を感じられますように

May the air clear my thoughts, and grant me a peaceful mind and inspiring thoughts

⑦　すべての作業が終えたら、身体を洗い、きれいに洗い流します。お風呂から上がったら、柔らかいタオルでしっかりと水分をふき取りましょう。

⑧　直射日光が当たらない場所にシダ類の植物を置き、定期的に水遣りをして育てましょう。植物がみずみずしい状態であれば、あなたも同じような状態を維持できます。手入れをおろそかにすれば、ふたたび他者からの影響を受けやすい状態に戻ってしまいます。植物の健康状態は、あなた自身のバロメーターでもあることを覚えておいてください。植物が生き生きとしていれば、あなたはよりたくましく、強く、しかし繊細な優しさは残したまま多くの人とよりよい関係を築いていけます。

※上記の方角は南半球で行った場合の一例です。北半球では、時計回りに、つまり東→南→西→北の順で行ってください。

Stop Spell
いじめをストップさせる魔術

わたしが最初に覚えたもっともシンプルなスペルは、とても古い魔術の本で学んだものでした。そこには、他者から傷つけられたり、いじめられたりしたとき、この問題を円満に解決する伝統的な方法が書かれていました。

羊皮紙に相手の名前を書き、雪の下に埋めるというとてもシンプルな内容です。結果がどうなったか知りたいですか……？　その人は、その後、だれのこともいじめなくなりましたよ！

わたしはオーストラリアのとても暖かい地域に住んでいるので、雪が降ることはほとんどありません。もしこの伝統的なスペルを、その地域でやると

したら、冷凍庫に入れておくしかないと思っていました。

それを実践する日がやってきたのです。わたしは、ある人の嫌がらせに、いいかげん、耐え切れなくなりました。感情をクリアにしたあとで、心を愛で満たし、そして、羊皮紙にその人の名前を書きました。感情をクリアにしておくことにフォーカスし、その人によきことが訪れるよう願いながら、水を入れたグラスに名前を書いた羊皮紙を入れ、そのまま冷凍庫に保存しました。そして、そのとき、こんなフレーズを唱えたのです。

3倍返しの法則によって
あなたによきことだけが舞い込みますように
あなたが力強くハッピーになれますように
そしてわたしから遠くに離れていきますように

By all the powers of three times three
I wish only good to come to thee
I wish thee well, strong and happy
And very far away from me

このスペルはなんと冷凍庫でも効力を発揮しました。ただそれは、とてもゆっくりと時間をかけて、しかもゆるやかな変化として訪れました。わたしたちの関係ははっきりと目に見えるような形で断絶するのではなく、付かず離れずの関係に変化していったのです。もちろん、結果として、いじめはなくなりました。

Inanna spell for justice, protection and strength
女神イナンナの力を借りて正義を貫くスペル

古代スメリアの女神、イナンナを呼び出して、正義を貫くサポートをしてもらう魔術についてお話します。

理不尽なことで傷ついたり、怒りを覚えたり、裏切られたという思いが募る場合などに効果的で、気持ちを鎮めてくれるでしょう。イナンナとともにワークすることで混乱した気持ちも消えていきます。

ただし、怒りやネガティブな感情に身を任せ、衝動的な仕返しや傷の埋め合わせのためにこの魔術を使っても、あなたの思いは届きません。むしろそうした感情の奥深くにある力強いパワーをより建設的なエネルギーに変換して、正義を貫き、立ち上がって行動する動機につなげるためのものです。

◉スペルの手順

① サークルを開きます。

② 紀元前2300年ころ、女神イナンナに仕えていたウルまたは古代スメリアのエンヘドゥアンナ王女によって書かれた賛歌の一部を朗読します。この賛歌は、女性によって書かれたもっとも古い賛歌のひとつです。とてもパワフルで古代の母なる女神のエネルギーが満ちています。彼女のパワーを感じ、同じようにあなたも勇気を持って行動してください！

7人の神のクイーン、美しくキラキラと光輝くその姿
生命の泉、天国の女神
わたしの甘い声は、今となっては
しわがれて耳障りな音
喜びを与えてくれたすべては今、埃となって消えていく
今、わたしはこの世に生きている！
イナンナを憎む敵たちからの復讐は
町の壁をも崩壊するほど大きい！
女神官、女王、気品のある司令官イナンナ
侵略者を打ち破り、スピリットを守る
クイーン、イナンナ
そのひきつける魅力に称賛あれ！

O Queen of the Seven Gods, O radiant splendour
of light, fountain of life, darling of Heaven
My honey sweet voice is hoarse and strident
and all that gave me pleasure has fallen to dus.
I, what am I among living creatures!
An, An, give to punishment the rebels
that hate Inanna, and split their cities' walls!
Priestess, queen, noble commander of gods,
destroyer of barbarians, whom An made protector of spirits
Queen, clothed in allure and attraction, Inanna: Praise!

③ 怒りの源にあるエネルギーとつながり、そのエネルギーを健康的に放出するための行動にチャネルを合わせてください。

イナンナはあなたとともにいます。さらにプロテクションを強化するために、女神カリとブリジッドも呼ぶとよいでしょう。あなたはひとりではありません。

イナンナのサポートとポジティブな介入をより強めるために、八芒星をあなたの頭上空中に指で描くか、身体や両肩にペイントするとよいでしょう。

④ サークルを閉じます。

Banish bad dreams spell
悪夢からあなたを解き放つ魔術

この魔術ではサークルをキャストする必要はありません。

だれでも一度は悪夢にうなされた経験があると思いますが。10代から20代にかけて経験する悪夢はとてもリアルで怖い経験となる場合が多いものです。しかし年齢にかかわりなく気持ちのよいものではありませんね。

ここでは、悪夢を見る回数を減らすための安全なスペルをお教えします。ひと口に悪夢といってもそれをもたらす要因はさまざまです。ときにわたしたちが日常生活のなかで、解決すべき問題に気付いていない、あるいは、問題解決に立ち向かっていないときに、悪夢という形で現われる場合があります。また、あなたが抱える内的・外的な要因でネガティブなエネルギーの影響を受けて悪夢を見る場合もあります。このような場合には、メンタルと肉体がともに弱っているときに限って多く現れる現象です。

ところで最近は手ごろな価格でドリームキャッチャーが販売されていますが、お勧めしません。ドリームキャッチャー本来の効力を存分に受け取りたいとしたら、自分で手作りするか、あるいは、実際にエネルギーを操ることができるエネルギーワーカーの手でつくられたものを購入するのがよいでしょう。安価なドリームキャッチャーは工場で大量生産されたものです。それらが持つエネルギーはけっしてよいものではありません。

◉準備するもの

□　小さめのオブシディアンストーン（4個）

□　天然塩（手のひら一杯程度）

□　新鮮な玉ねぎ（赤、白、茶色など何色でも可）

◉スペルの手順

①　ベッド（あるいは布団の寝床）の四隅にオブシディアンを1個ずつ置き、その周りに塩を散らします。四隅に置く順番は、反時計回りで順に置いていってください。もっとも大事なのは、塩をかならず使うことです。部屋に窓がある場合には、窓枠や窓の入り口にも塩をまきます。

②　玉ねぎを半分に切り、片方の半分を窓際に、もう片方は寝室の入り口に置きます。玉ねぎは、体内に摂取されると血液をきれいにする作用がありますが、部屋に置くと不純物を取り除く働きがあります。あらゆる場面でとてもパワフルな野菜です。ですから、玉ねぎと塩を外からの進入路に配置することで、どんなネガティブなものも寝室に入

ることはできなくなります。玉ねぎと塩はそのまま３日間放置したら、あとはきれいに片付けましょう。

③ ベッドの四隅に置いたオブシディアンの周りの塩は適宜、新しい塩に変えましょう。悪夢は日に日に少なくなっていくでしょう。寝る前に安らかな音楽やお気に入りの音楽などを聞くなどすると、自分自身を労わる環境作りに役立ちます。

Banishing pentagram Protection
留守を守るプロテクション・スペル

自宅を不在にする際、空き巣や泥棒から家を守るためのスペルです。わたしは、１日以上家を空けるときは、この魔術を20年以上使ってきましたが、１回の失敗もありません。

家を空けることが多いわたしは、住んでいる場所が犯罪率の高い地域なので、不在にするときは意識してこのスペルを行います。これが実に効果的なのです！

家を留守にする前、利き手の腕を上に挙げて、空中にペンタグラム（五芒星）を描きます。指の先からレーザーが出ているイメージで書きます。

南半球に住んでいる人は、左下→右上→左横→右下→頂点→左下（図左）の順番でペンタグラムを描きます。

北半球に住んでいる人（日本在住の人）は、右下→左上→右横→左下→頂点→右下（図右）の順番で描きます。

これが不要なものを取り除く目的でペンタグラムを描くときの正しい書き順です。スムーズに描けるようにしておきましょう。

ペンタグラムは同じ場所で３回描きます。そして、描いたペンタグラムの周りを、円で囲みます。南半球では時計回りに、北半球では反時計回りに円を描きます。この円がぐるぐるとスピンをはじめるビジョンを心のなかで確認します。

わたしは、この作業を出かける前に玄関と窓の前で行います。物理的に鍵

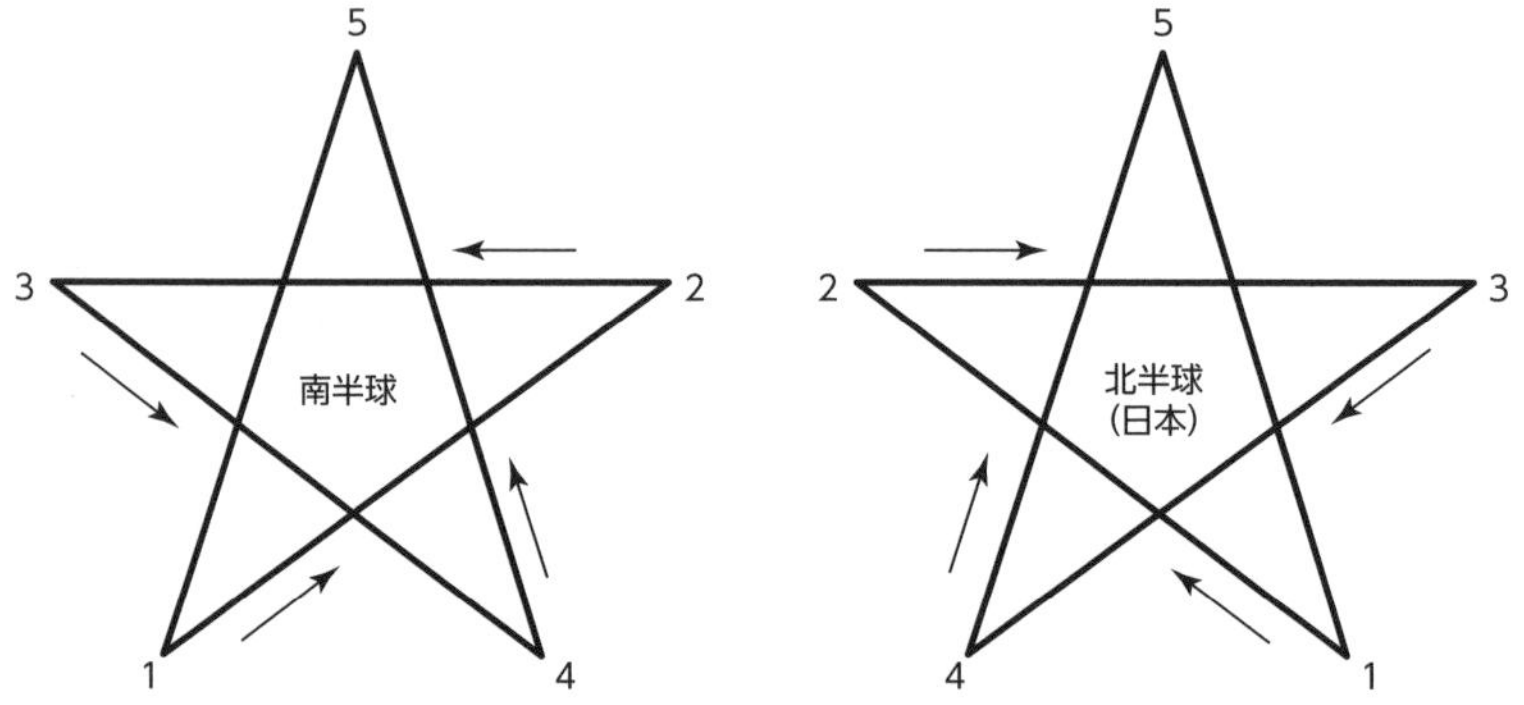

をかけるように、エネルギーの進入路をロックするのです。

このスペルは家のプロテクションだけでなく、大事な物や、特定のプライベートな部屋だけ、という使い方もできます。たとえば携帯電話や大事な本、日記などの場合には、それらの上から同じ方法でペンタグラムを描くだけです。これであなた以外の人物に邪魔されたり見られたりすることがなくなります。

このプロテクション・スペルを、日常の習慣にすることを強くお勧めします。もちろん、出かける前に家の前でタクシーを待たせているときに、玄関の前や窓の前で空中に手をかざして、ペンタグラムを描いている姿は他人から見たら、ちょっと変な人と思われるかもしれませんね。でも、そんな他人の視線を気にしてやらずにいるのはあまりにもったいないというくらい魔力があります。

もしあなたがプロテクションをさらに強化したい、と思ったら心のなかで円形の青い炎が家全体や部屋全体、あるいはそのほかプロテクトしたいと思う場所、物すべてを包み込んでいる様子をつくり上げてください。そうすると、青い炎に包まれた内側は常に安全です。もちろん、この青い炎はまったく無害です。

このプロテクションを施された家や物はどんな悪意のある人やエネルギーをも寄せ付けず、あなたの大切な場所、物を不在中でもしっかりと守ってくれます。

Dark moon bath blend
浄化を促すダークムーンの“入浴ブレンド”

ダークムーンの日没のころに、このブレンドとともに祝福の入浴をしましょう。こじれた人間関係や離れたくても離れられないしがらみなど、なかなか解消できずにいる関係をきれいさっぱりと解消し、取り除き、つながりをクリアにして、同時にエネルギーをパワフルに浄化します。

◉準備するもの

- □ 天然塩または岩塩
- □ フランキンセンス樹脂またはオイル
- □ ジュニパーベリー（適量）
- □ ローレルの葉（適量）
- □ オークの葉（適量）
- □ セージ（適量）
- □ サンダルウッドとオレンジ
- □ ブラックトルマリン
- □ シルバー色または濃い色の器
- □ ペンタグラム（ブレンド中に自分の手で描いてもよいし、ペンタグラムを描いたものを3分程度ブレンドした素材の上に置き、シルバー色のペンタグラムをビジュアル化し反時計回りにエネルギーを注入する方法のいずれかで対応してください）
- □ ナナカマドまたはユーカリスティック

◉スペルの手順

① 材料すべてを器に入れたら、ペンタグラムとともに軽く瞑想します。ナナカマドまたはユーカリスティックを使って、反時計回りに少なくとも9回かき混ぜます（3の倍数であればOK）。

② 洋服に残存エネルギーがたくさん付着しているので、すべて脱いで、洗濯するか、お風呂上りにまた着用する場合には、広げて吊るし、残存エネルギーを払います。

③ お湯を張ったバスタブに、入浴ブレンドを手のひら一杯分くらい入れてかきまぜ、ゆっくりお湯につかりましょう。ネガティブなエネルギーから解放され、自由になっていく感覚を味わってください。他者からの感情をダイレクトに受け止めてしまったときや、これ以上のつながりを必要としない人がいる場合、そのほか、健康的でない人間関係がつづいている場合などは、いつでもこの入浴ブレンドでリフレッシュしてください。苛立ちを抑え、感情や精神、肉体それぞれが開放され、気分が上昇します。同時に、思考がクリアで自由になります。

Releasement blend II
エンティティーも除去する
開放の“入浴ブレンド”

ちょうど太陽が沈み、青い空がうっすらと暗闇へと変化する時間帯に、このブレンドをつくりましょう。むずかしい人間関係を抱えている場合や蓄積されたパターンを手放す必要性を感じている場合にはこのブレンドがいつでも役立ちます。エネルギーブロックを浮き彫りにして、取り憑いたエンティティーを除去するほどパワフルです。

◉準備するもの

□ 天然塩または岩塩
□ モルタルとすりこぎ
□ フランキンセンス樹脂
□ ドラゴンズ・ブラッド樹脂（少量）
□ 乾燥セージ（手のひら一杯分くらい）
□ 乾燥ローレル（1枚）

□　ジュニパーベリーの葉（1枚）
□　フランキンセンスエッセンシャルオイル
□　スモーキークオーツ

◉スペルの手順

①　つくり方は、前項のダークムーン入浴ブレンドと同じです。
②　すべてをブレンドしたら、まずゆっくりと暖かいお風呂に入って身体を温めます。
③　その後、手のひら3杯分くらいのブレンドを湯船に入れてかきまぜます。
④　体内に残る不要なエネルギーがすべて解放され、浄化されクリアになっていきます。お風呂から上がるころには自由で身軽でパワフルになった自分を実感できるでしょう。

悪口や噂話のストレスからあなたを開放する3つの魔術

この類の魔術（スペル）は、じつにたくさんあります。それだけで単独の魔術シリーズをつくれるほどバリエーションが豊富です。それだけ、だれかの悪口を言ったり、噂をしたりという行いがいかに日常的であるかを示しています。複数の人が集まりさえすればかならず発生します。

ギリシャ人はそんな人間の行いからわが身を守るために、悪魔の目のお守りを常に身につけています。またほかの多くの文化圏でも陰口やゴシップの影響を受けないようにいろいろな場面で工夫を凝らしています。

人間社会だけに存在するこうした悪口、噂話は、実は皆が真剣に考えなくてはならないテーマです。なぜなら、真実からかけ離れた噂話や、醜いゴシップなどは、標的にされた人の心を深く傷付けるし、彼らの生活を崩壊させるほどの威力ももっています。もっと言うとその人の自信を根本から喪失させてしまう危険性もあるからです。

こうした問題に対応するにはさまざまな方法があります。もっともシンプ

ルなのは、「他人がわたしのことをどう思っていようが、どう感じていようがわたしには関係ない」とはっきりとした意思を持つことかもしれません。ただ、他者があなたをピンポイントでターゲットにし、あなたを痛めつけるような行動を起こしているとしたら話は別です。

ここでは、マジカルな呪術をいくつか紹介しますが、どれもエネルギーを変化させることによって、あなたへの攻撃を仕掛ける他者からあなたを開放し、同時に相手があなたに近づかなくなるように意図されたものです。相手は実はあなた同様、とても弱く脆い存在でもあるのです。

これらの魔術を行うときには、心を落ち着かせ、マインドをクリアにする必要があります。しっかりとセンタリングをし、その結果をきちんと見届ける勇気が必要です。怒りで心が震え、傷つき、興奮状態にあるときに行わないでください。少し時間を置いて、心の落ち着きを取り戻して魔術と冷静に向かい合えると思うときまで待ちましょう。

もちろん魔術の実行中にこうした激しい感情が浮上するかもしれませんが、それは構いません。エネルギーは常に変化しています。しかし、これらのエネルギーがあなたのすべてを支配していて、寝ても醒めてもそのことばかり考えてしまい、ほかのことに手が付かないというような状態のときにはけっして行わないようにしましょう。効果そのものに影響を及ぼしますし、望む結果に導かれません。行う場所も、大事です。しっかりとセンタリングされた安全な場所で行ってください。

Bottle and binding spell
封印と拘束のスペル

まず最初に紹介するスペルは、魔女のもっとも古典的なツール（ボトル、編みこんだ紐・糸、パペット人形）を使います。

◉準備するもの

□　粘土（適量）

□　黒い糸
□　天然塩（少々）
□　黒コショウ（少々）
□　ジュニパーベリー（少々）
□　羊皮紙（少量）
□　小さめの押しピン（待ち針の小さめタイプのものなど）
□　ペン
□　フタ付きの小さいボトル（ガラス製の小ビン）

◉スペルの手順

① サークルをキャストします。

② 満月から新月へと月が欠けていく時期、あるいはダークムーンの日がこのスペルを行うタイミングです。真実ではないことやあなたの悪口を言っている人の名前を紙に書きだします。そして粘土でその人の「口」をつくります。黒い糸で、その「口」の上唇と下唇を縫い合わせて閉じてしまいます。きっちりと固く閉じてください。こうすることでこの人物に危害が及ぶことはありません。ただ、あなたのことを悪く言おうとしたり、陰口を叩こうとしたりすると、不思議なことに居心地が悪いという感覚を持つようになります。

③ 黒い糸でしっかり口を縫い合わせたら、呪文を３回唱えます。

わたしのことを悪く言わないで、わたしの陰口を言わないで
あなたの口は堅く閉ざされました

Speak no evil, speak no ill, about me
now your lips are still

④ より強力な魔力を必要とするときには、９回唱えてください。

⑤ ３倍返しの法則を覚えていますか？　あなたは相手のことを嫌っては

いけません。もちろん当事者としては、相手に対して不快感を持つのは当然ですが、相手を心の底から憎む感情は持たないでください。憎悪とともに行う魔術は健康的ではありません。スペルは仕返しをするためのものでも、あなたが受けた嫌な経験を相手に返すためのものでもありません。相手に躾を施す、相手を更正させるひとつの方法に過ぎません。

⑥ 縫い合わせた口の周りに、天然塩と黒コショウ、ジュニパーベリーを振りかけます。その上から口を覆うくらいの大きさの羊皮紙をかぶせて、ピンで口に固定します。口のなかにピンを差し込むような感じで固定してください。そうすることで、相手が、このような行動を二度ととらないことを確実にします。

⑦ もし、相手がだれか分からない、特定できない場合には、その人の行動や話す内容などを羊皮紙に書いて、用意したボトルに丸めて入れて、しっかりと栓をし、土に埋めてください。

人によっては、そんなボトルを身近に埋めたくないという人もいるようですが、個人的には自分のすぐ近く（庭や鉢植えなど）に埋めたほうがよいと思うので、わたしはそうしています。なぜなら、そうすることで、自分が行った魔術を常に認識できるし、それが責任を持つことにつながるからです。

⑧ 繰り返しますが、この魔術を行なうときは相手に対する憎しみの感情を持たないようにしてください。くれぐれも注意しましょう。どうしても憎い、怒りの気持ちが抑えられないときは、スペルを行う時期をずらして、心が落ち着くのを待ちましょう。マーシャルアーツの選手や戦士のように、冷静で落ち着いたクリアなエネルギーで行うことがとても重要です。

⑨ もし、仮に、あなたが相手との関係を継続し、さらに、関係に変化を望んでいる場合には、ボトルの周りにハチミツを塗り、土に埋めた場所にトゲのある花（バラなど）を植え、エネルギーに変容を促しましょう。関係性に変化が訪れ、一定の距離感を保った状態が維持されます。

また、時間が経過すると、あなたのことを評価したりするようになるでしょう。

しかし、そんな相手の言葉を聞いても、あなたはむしろ興味を示さなくなり、ほかの気の合う、長い付き合いができる友だちとの関係を育んでいくことを望むでしょう。もちろん、友情はさまざまなステージを向かえ、状況は変化していくものですが、真の友情を育む人間関係においては、どんな些細なことでもそれが悪い噂になることはありません。

かつてあなたのことを悪く言っていた人は、表面的に態度を変化させたとしても、あなた以外の人に秘密をバラしたり、あなたのことを批判したりするかもしれません。表面上の友情関係を育むことが大切だとは思えません。真の友情と上っ面の友情、この違いを自分でもよく考えてみるとよいでしょう。

Be silent spell bottle
エネルギーを封じる魔術

居心地の悪いエネルギーを受け取っているとき、それらを封じるスペルです。

◉準備するもの

- □ 止め具付きの小さいボトル
- □ ヘマタイト、オブシディアン、オニキス、またはスモーキークオーツ（ボトルに入る程度の大きさ）

◉スペルの手順

① サークルをキャストし、感情を落ち着けることに集中します。思考がクリアになり、平静を保ったら、ボトルのフタを空けて、ボトルのなかに向かって次のフレーズを３回（または９回）唱えます。

静かにしてください
じっとしていてください
あなたを責めるつもりはありません
あなたの憎しみの言葉は
もうなくなり、害を及ぼしません
完全になくなってしまいました
言葉によって傷つくことはありません
わたしは、このお守りとともに前へ進みます

Be silent
Be still
I wish you no ill
Into this your words of hate
Fall harmless and dissipate
They are gone, they do no harm
I move on, this is my charm

② ヘマタイト、オブシディアン、オニキスまたはスモーキークオーツを数粒ボトルに入れます。これらのストーンはどれも防御力に優れています。それぞれのエネルギーは異なりますが、この魔術では同じ目的で使うことができます。

③ フタをせずにボトルをドアの近くや玄関ホールなどに置くことによって、あなたに送られてきた悪意ある言葉がここを通り抜けるとき、すべてをボトルのなかに封じ込めてくれるでしょう。

　3日間ほどボトルを置いたら、エネルギーは充分に捕獲されたと考えてよいでしょう。ボトルにフタをします。もし、また別のエネルギーやほかの人からの悪意ある言葉が発生したら、同じようにボトルのフタを空けて、天然塩を少量ボトルのなかに入れて、同じプロセスを繰り返してください。

Sekhmet banishing beads
セクメトのお払いビーズ

“お払いビーズ”は古代から存在する魔術です。ライオンの頭を持つエジプトの女神セクメトが、あなたとつながり、このビーズを通じて大いなる力、活力を与えます。

彼女はとても保護パワーがあり、母親のような温かさがあると同時に、とても気性が激しいので、彼女のエネルギーはあなたに向かってくる悪意を払いのける盾となります。

もし特定の人との関係が今後の人生において不要である場合には、その人を特定して魔術を行うよりも、その人の行動にフォーカスするほうがより大きな効果をもちます。

もちろん、元恋人からの執拗なストーキングに悩まされて危険を感じている場合や、暴力を振るう先生、セクハラなどといった、より深刻で危険度が高い問題を抱えた場合は例外です。

オブシディアンやガーネット、ヘマタイト、ブロッドストーン、鏡面仕上げされていないルビーなどのビーズをお勧めします。赤と黒色のものがよいでしょう。５種類の異なるものを３個ずつ、プラス最初と最後にお払いビーズを追加して全部で17個使います。

スカラベ（黄金虫）やライオン、コブラなどの影像タイプのビーズをオンラインショップや美術館内のショップなどで入手してください。祭壇や祭壇近くには、セクメトのイメージやセクメトのフィギュアなどを飾ると、よりプロテクションが強化されます。

◉準備するもの

- □ 半輝石クリスタルビーズ（17個〜スカラベ《黄金虫》、ライオン、コブラなどの影像タイプのもの）
- □ ビーズ用のワイヤー

◉スペルの手順

① サークルをキャストします。

② 自分の前にセクメトが立っているイメージ、ビジョンをつくり、心のなかでライオンが雄叫びを上げるような大きく激しい声でセクメトを呼び出してください。そしてビーズにワイヤーを通していきます。

③ 完成したらサークルを閉じます。

心配事を抱えているときなど、このビーズを手に取り、セクメトにプロテクションをお願いしましょう。ベッドの枕元にぶら下げておいてもよいし、身につけておくのもよいでしょう。

学校や仕事場で四六時中いじめられて嫌な思いをしているわけではないという人もいるでしょう。それでもわたしたちは身近な人間関係のなかでプロテクションを施す必要がある場合もあります。

たとえば、兄弟姉妹や両親などです。ふだんは仲がよくても一定の防御があったほうがよいでしょう。ただし、両親や兄弟姉妹とのあいだに深刻な問題を抱えた場合は、当然のことながら、カウンセラーや弁護士などの専門家に相談してください。こうした家族間の問題に直面すると対応がとてもむずかしい場合が多いからです。

Courage oil blend
勇気を奮い立たせるブレンドオイル

たとえば、抱えている問題を解決するために勇気を振り絞って相手と話し合わなければならないときや、今まで先延ばしにしてきた問題にいよいよ対応しなくてはならなくなったとき、ぎくしゃくした人間関係を修復しなければならないときなど、あなたにとってハードルが高い問題に取り組むときに、このブレンドオイルを活用してください。

◉準備するブレンドオイルの材料

- □ ベースオイル：アーモンドオイル、ホホバまたはヘーゼルナッツオイル
- □ エッセンシャルオイル：フェンネル、スプルース、ローズウッド、フランキンセンス、スィートオレンジ、ブルータンジー

そのほかのブレンドお勧めは、ベースオイルにローズウッドを加えることでグラウンディングと落ち着きを取り戻すことが可能です。とくに不安や恐れを感じているときには大切な役割を果たします。

オークモスもお勧めです。わたしのお気に入りエッセンシャルオイルです。香りが素敵ですが、なによりもメンタルに対して効果てき面です。問題を解決しようとするとき幅広い方法で対応できるようになり、問題と正面から向かい合う精神力が伴ってきます。問題に取り組む勇気を奮い起こし、論理的に整理して問題を乗り越えていく必要がある場合にはとても効果的なオイルです。

衣類の洗濯するとき、このブレンドオイルを、洗濯機に数滴たらすだけで、洋服からも同じようなパワーが発せられ、より自信を持って、より自分らしく振舞うことが可能になります。

Self-acceptance Spell
あなた自身を受け入れる魔術

だれかに傷つけられる経験をしたとき、あなたが本来持つパワーを取り戻し、自分のすばらしい本質にフォーカスすることはとっても大切なことです。繊細な心の持ち主は、知的でクリエイティブで、世の中に還元すべきことをたくさん秘めています。世界はあなたを必要としています。ですから、強い存在でいてください。スペルを活用し、自分を取り戻し、自分らしくこの世に存在しながら、使命を果たしてください。今、自信を失っているとしても、それは一時的なものでしかありません。本来のあなたは光り輝く存在です。

◉スペルの手順

① サークルを開きます。

② 鏡にあなた自身の顔を映し、自信を失って自分を卑下していたことについて、自分自身に謝罪の言葉を述べてください。そして愛の言葉を語りましょう。金輪際、自分のことを悪く言わないと自分自身に約束します。自己愛、自己肯定は、これから前へ進み、人生を謳歌していく上でもっとも重要で優先されるべきだということを実感してください。

③ サークルを閉じます。

自分自身を肯定する力が弱っていると思ったときは、いつでもこの魔術を何度も繰り返してください。自分の存在価値をしっかりと見出し、癒されていきます。

To break a bad Habit
悪癖を断ち切る魔術

「悪い」習慣や癖はどんな類のものであっても、脳に活動を促す一定の経路をつくり出し、変容、変化を遠ざけ、悪癖を断ち切ることが困難になります。こうした悪しき習慣を一掃するには、脳内につくられた経路を遮断するために、素早い効果が期待できるエッセンシャルオイルを使います。エッセンシャルオイルは、ストレスを軽減し自信を増幅させ、興奮や疲労よりもリラクゼーションや決意を促してくれます。

まず覚えておいてほしいのは、数字の「５」。これは「変化」をつくり出す数字です。

次のエッセンシャルオイルを、５滴ずつブレンドします。

◉準備するエッセンシャルオイル

□ サンダルウッドオイル（ネガティブエネルギーを遮断します）

□ ラベンダー（脳に酸素を充分に送り、落ち着きとリラクゼーションをもたらします）

□ ネロリ（ポジティブで継続的な活力と変化をサポートします）

ミックスしたブレンドオイルは、アーモンドやピーチなどのキャリアオイルを加え、ボディオイルとして使うか、アロマデフェーザーで香りとして体内に取り込むか、ふたつの方法があります。悪い習慣に手を出しそうになったとき、このブレンドオイルはとても効果を発揮します。

To move a disturbing spirit or entity along
不要なスピリットやエンティティーを遠ざける魔術

ときに、いつもの自分とは違う感覚や体験をすることがあります。そのような場合、スピリットやエンティティーがあなたに取り憑いて離れないケースも考えられます。

もちろん、お払いの魔術でこれらを取り除くこともできますが、ここでは小瓶を使った伝統的な魔術を紹介します。お払いをして取り除くのではなく、自分には不要なスピリット、エンティティーに新しい居場所、住処を与えて共存する方法です。

◉準備するもの

□ 大きめのボトル（瓶）

□ 羽根、小枝、ドライフラワー、流木やクリスタル（オブシディアンなど）、綿

◉スペルの手順

① ボトルを用意した材料で飾ります。これがスピリットやエンティティーのための新しい家です。

② 自分のなかから出て行ってほしいスピリットやエンティティーを呼び出したら、新しい家を見せ、引越ししてはどうかと勧めます。

③ ボトルを庭や木の枝、軒下などにくくりつけます。安全な場所に設置してください。あなたに一時的に不快な思いをさせていたかもしれませんが、このスペルは、スピリットやエンティティーを傷つけるためのものではありません。

④ 新しくつくったボトルの家が魅力的であればあるほど、スピリットは速やかに引越しをしてくれるでしょう。ボトルにはフタをせずに、スピリットがいつでも出入りできるようにオープンにしておきます。

Hair spell for protection
三つ編みのおまじない

もしあなたの髪の毛がある程度の長さであれば、このおまじないをお勧めします。一編みごとに、幸運、愛、喜び、叡智、プロテクションなど、あなたが望むエネルギーが髪の毛に編みこまれていきます。とくに、プロテクションが必要な場合にとても効力を発揮します。

プロテクション用はシンプルで、三つ編みを９回編みこんでいるあいだ、望むこと、プロテクションをささやきながら編みこみます。だれかに編みこみをしている場合には、相手のことを願うと同時に、編みこみをしている自分にもエネルギーは巡ってきますから、自分と相手の両方への願い、プロテクションをささやきます。

わたし自身、娘を学校に送り出すとき、いつも三つ編みをしてやりました。とても簡単なのに、その効力には持続性があり、パワフルです。ぜひお試しを！

以下のフレーズは、伝統的な魔女のラダースペルで使うフレーズです。これらを自分用にアレンジして使ってください。

三つ編みひとつ、スペルがはじまる

三つ編みふたつ、スペルは現実に

三つ編みみっつ、祝福されて

三つ編みよっつ、ドアが開く

三つ編みいつつ、スペルが動き出す

三つ編みむっつ、スペルが固定され

三つ編みななつ、パワーが放出され

三つ編みやっつ、運命がまわりだす

三つ編みここのつ、スペルが輝きだす！

（ここで、ヘアゴムで３回転ゴムを巻いて三つ編みをたばねます）

この三つ編みスペルが現実に、そうありますように！

By knot of one the spell's begun

By knot of two the spell is true

By knot of three we blessed be

By knot of four the open door

By knot of five the spell's alive

By knot of six this spell I fix

By knot of seven the power is given

By knot of eight and hand of fate

By knot of nine this spell shall shine!

Seal off the plait with a hair band bound three times, repeating :

As I do will so mote it be!

Protection stones and shells
ストーンとシェルのお守り

はるか遠い昔、シェルや天然石で自然に穴が開いたものは、アザーワールド（異次元の世界）を「覗く」もっともすばらしいツールとして重宝されていました。ストーンに開いている穴を覗くと、ヴェールに覆われた見えない世

界が見えるのです。また、それだけではなく、とても強力な守護ストーンとしても扱われていました。

◉準備するもの

- □　自然に中央部分に穴が開いたストーン
- □　自然に穴の開いたシェル
- □　釣り糸

◉スペルの手順

① 釣り糸をストーンとシェルの穴に通します。可愛らしく自由に表現してください。

② 玄関の軒下や、裏ドアなどに吊り下げておきます。悪意のあるエネルギーは、穴をすり抜け、アザーワールド（異次元の世界）へと消えていき、そこでお世話をされます。

13

Spells for Success,Power and Abundance
成功、パワフル、豊かさへ導く10の魔術

Simple success spell
あなたを成功へ導く魔術

これは成功が満ちあふれてくるスペルです。

◉準備するもの

- □ ビーズワックスキャンドル
- □ ハチミツ（スプーン２杯）
- □ シトリン（数個）
- □ 乾燥したミント（適量）
- □ マリーゴールドの花（数本）
- □ ニワトコの花と葉っぱ（数本）

◉スペルの手順

① キャンドルに小さなハチのイラストを彫り、その上からハチミツを少し塗ります。シトリンの上にキャンドルを置き、キャンドルの周りにもシトリンを置きます。ハチのイラストを彫っているあいだ、お風呂に温かいお湯をためておきましょう。

② キャンドルに火をつけて、バスタブの近くに置きます。

③　豊穣の象徴、乾燥ミントをバスタブに散らします。

④　ハーブがお湯のなかをマジカルに動き回る様子を眺めながら、次のフレーズを３回唱えます。

ハチミツをつくってくれたハチさん
健康的なハチさん
わたしに成功と豊かさを届けてください
ハチさんの叡智、ドルイドのハチさんたち
わたしに成功と繁栄を届けてください

Bee of honey
Bee of health
Bring to me deserved wealth
Bee of wisdom
Druid's bee
Bring prosperity unto me

⑤　湯船につかって、お金がたくさん自分の元に入ってきたときに、施すよきことを考えてみましょう。足の先、手、おでこにハチミツを塗りこみます。これであなたが歩く一歩一歩が富と美しさを生み、あなたの手が多くの仕事をするために役立ち、あなたの思考はクリエイティブになるでしょう。身体に塗りこんだハチミツを洗い流しても、黄金色のハチミツエネルギーが体内に浸透し、甘く粘着するエネルギーがあなたに残ります。それらのエネルギーは成功とお金を呼び寄せてくれます。

⑥　お風呂から上がったら身体をよく拭いて、アバンダンスが、あふれんばかりの幸運がやってくることを実感してください。

お金はわたしたちの文化において、わたしたちの心にさまざまな働きかけ

をします。とてもいろいろな意味を含んでいます。お金をほしいと思う反面、たくさんお金が手に入るとちょっとした罪悪感に苛まれることがあります。また、わたしたちは浪費することもあれば、お金がないと力がないような錯覚に陥ることもあります。クレジットというバーチャルのお金に振り回されることもあります。

お金は、エネルギーのひとつの形であり、わたしたちが注ぎ込むエネルギーがお金という形に変換されたものです。そしてわたしたちはエネルギーを投じてえたお金に再度エネルギーを注ぎ込むこともあります。

わたしは、時間と同じようにお金を効果的に扱い、よりパワフルに、成功を導き、独立し、安定したお金の流れをつくりだすようなスペルを創造してきました。それらをひとつずつ紹介していきます。

Plant a money tree
お金の木を植えよう

わたしが植えるお金の木は、常に幸運と繁栄をもたらすものです。

どんな木を植えたらよいかというと、まず住んでいる地域でよく育つ木であることが欠かせません。周囲の美観を損なわないということも大事です。そしてなによりも、あなたにとって大好きな木であることがいちばん大切です。

一般的には、カネノナルキ（クラッスラ属の多肉植物）が好まれますが、ミリオンバンブーなども繁栄の木として人気があります。また、ミカンの木を植える人もいます。これは、果実（お金）がたくさん成るので人気があるようです。

イギリスのコーンウォールでは巨大な樫の木をお金の木と考えられていて、人々は木の根元や周りにコインを置いていきます。ただ、自分の家で育てるには少し無理がありそうですね。

お金の木を植える場所は、あなたの目が届く場所で、いつも気にかけて世話ができる場所がよいでしょう。

大きく育つように、スペースも充分に確保しましょう。あなたが天塩にかけてお金の木を、大きく育てるほど、あなたの経済状況も好転します。健康的な木、繁栄する植物は幸運の証なのです。

◉準備するもの

- □　金貨または金色の硬貨（10枚）
- □　シトリン（6個）
- □　幸運と繁栄を象徴するシンボル。木の枝に結び付けるものを、あなたのインスピレーションで選んでください。小さな動物のフィギュアなどがお勧めです。
- □　月が満ちていくとき、あるいは満月の日にチャージされた聖水

◉木を植える手順

①　サークルをキャストします。

②　木を植える穴を掘ります。アバンダンスから遠ざかっていたあなたは、土を掘るたびに変容し、クリアになっていきます。

③　掘った穴に聖水を適量注ぎます。

④　植える木の根っこに金色の硬貨とシトリンを充てます。その後、それぞれ5個ずつ掘った穴の底に置きます。その上に木を植えますが、その前に以下のフレーズを3回唱えます。

小さなものが大きく育ち、
この地球に根付いたコインのなかへ
＊豊かな土と聖水から
今、わたしはフォーテュナの娘となる＊
（男性の場合、上記＊にはさまれた部分を下記に変更します）
豊かな土からアバンダンスが生まれ
今、わたしはフォーテュナの息子となる

From little things big things grow
Into this earth the coins are sewn
From rich soil and blessed water
I stand here now, Fortuna's daughter
(If you are a man, say)
From this rich soil abundance comes
I stand here now, Fortuna's son

⑤ お金の木を穴に据えたら、しっかりと土をかぶせます。

⑥ 木の根元に、繁栄を促すために残りの金貨５枚とシトリン１個を置きます。５の倍数は、幸運を呼び込む変化を導きます。

⑦ サークルを閉じます。

⑧ あなた自身が豊かであるという実感と確信をもって、お金の木に愛情を注いでください。そして、手に入れた富は、他者のために、地球のために分かち合いましょう。母なる地球はあらゆる地中に根を張るようにエネルギーを送り、わたしたちとつながっています。

Fortune and Fae Spell
幸運の妖精を呼び寄せる魔術

昔から人は妖精王国を訪ねては、健康や癒し、幸運、愛に関わることについて手助けを求めてきました。わたし自身も、妖精たちはとても寛大なサポーターだと実感しています。

月が満ちていくとき、小さなカップに卵の殻と葉っぱ（またはナッツの殻）、パン、ハチミツを入れ、ミルクまたはクリームを少しかけたものを手に持って、外に出てみましょう。

妖精たちの存在を五感で感じ取りましょう。妖精を呼び出し、環境を整え、クリアリングをしてくれるように依頼をします。もちろん、そこでカップに入った妖精たちの大好物を差し出してください。

１回だけではなく、定期的に行うことをお勧めします。すると、不思議とお金がめぐるようになり、予期せぬ収入が入ってきます。スペルの効果を実感できたら妖精に感謝を捧げましょう。

このとき自分が発する言葉にいつもより意識を向けると、妖精から送られてくるメッセージを受け取りやすくなります。

また、生活のなかでも、リサイクルを推進したりゴミ拾いをしたり、受け取るばかりではなく与えることによって、日常のバランスを維持することもお忘れなく。

Money drawing oil blend
お金を引き寄せるブレンドオイル

このスペルは、ちょっとベトベトします。でも、その効果はお墨付きで、素早く効力を発揮し、お金が吸い寄せられて、あなたにべったりくっつきます。

◉準備するもの

- □ ベルガモットオイル（数滴）
- □ マヌカハニー　スプーン（１杯）
- □ シナモン（少々）
- □ シナモンスティック
- □ 濃い色（緑が最高）のガラス容器。ブレンドオイルを保存しておく小さめのもの。

◉ブレンドオイルのつくり方と使い方

① 材料をすべて合わせて、時計回りにシナモンスティックでかき混ぜたら容器に移します。

② このブレンドオイル少量を、お財布やお金を保管している箱、カレンダー、日記、金銭帳などお金に関係するものに塗ります。

③　新しい仕事に応募するときなどは、手首に少し塗るとよいでしょう。あるいは、仕事上でお金に関する話し合いをするときなどにも有効です。

Money management spell
お金を上手に管理する魔術

お金が手元にやってきたら、次にすべきことはそのお金から更なる富をどのように生み出すかということです。

この課題を確実にクリアするには、次の行動がお勧めです。

新月のとき、花が咲いた木の枝に緑色のリボンをくくりつけます。そしてその木の根元に、コインを３枚埋めます。リボンを結んだ周辺に花が咲くか、新芽が出たら、お金を正しく動かす時期が来たことを知らせるサインです。

Harvest spell
繁栄をもたらす魔術

このスペルは、グリモワールに記された魔術のなかでもっとも古い魔術のひとつです。祝福、豊作に感謝するとき、ルナサードのお祭りのタイミングで行うとよいでしょう。

◉準備するもの

- □　バニラの香りのインセンススティック
- □　銀色の硬貨
- □　オレンジ色の布（適量）
- □　ネロリエッセンシャルオイルを塗った緑色のキャンドル（２本）
- □　成長が早いハーブの花や小枝（祭壇用）

◉スペルの手順

① 祭壇の前に座り、お香を焚きます。

② 銀色のコインをオレンジ色の布で包み、祭壇に置きます。

③ ネロリを塗った緑色のキャンドル２本を、布で包んだコインの両サイドに立て、火を灯します。

④ オレンジ色の布にくるまれた銀色のコインに意識を集中させ、あなたの夢が実現するビジョンを描いてください。将来そうなるという未来形ではなく、すでに実現したというビジョンです。

⑤ ビジョンを描いたら、次のフレーズを３回、唱えます。

海の波が永遠であるように
森の木々が高く聳え立つように
わたしの仕事、夢に繁栄を
受け取る準備が整いました

As the waves of the ocean are infinite
As the trees in the forest grow tall
Let my work now bring me to harvest
I'm ready to receive my all

⑥ 今度は意識をオレンジ色の布に集中させ、繁栄があなたの元に実際にやってくることをリアルに感じてください。右側、左側の順番でキャンドルを吹き消し、用意したハーブの花や小枝を祭壇とこの聖なる空間に置きます。

New moon new beginnings spell
新月に“はじまり”を加速させる魔術

人生においてちょっとだけ余裕をもって前進できたらいいなあ、と感じた

ことはありませんか。そんなことを可能にするスペルです。

もう少しお金があれば、もっと能力を生かせるとか、仕事ができる、いろいろなことができる、もっとお金を増やすことができる、と思っている人にお勧めです。

◉準備するもの

- □ エッセンシャルオイル：ベルガモット、オークモス、サンダルウッド（数滴ずつブレンドしたもの）
- □ キャンドル（2本）
- □ 小さな銀色の器
- □ 月が満ちていく時期、または満月のときにチャージされた聖水
- □ 土のエネルギーを持つクリスタル（シトリンがお勧め）
- □ インセンス（お香）
- □ チャコールディスクと難燃性のディスクホルダー
- □ 天然塩（適量）
- □ 小さなポーチ

◉スペルの手順

① まずは入浴して身体を清めましょう。ベルガモットを少量、オークモスとサンダルウッドを数滴、バスタブに垂らします。

② キャンドルは火をつける前に、側面にオガム文字のDuirを刻み、その下にルーンDagazを刻みます。このふたつは、増加と拡大を意味します。

③ バスタブの近くでキャンドルに火をつけます。

④ じっくりとバスタブにつかり身体を清め、心を落ち着けたら、湯船から出て静かに10分程度、ひとりになれる空間でスペルをキャストする準備をします。

⑤ サークルをキャストします。

⑥ 水を祝福します。月が満ちていく時期、または満月にチャージされた聖水を銀色の器に数滴入れます。もし行き詰っている状態がつづいているようなら、日食・月食の日にチャージした聖水を使ってください。

⑦ 火を祝福します。サークル内の安全な場所にキャンドルを設置します。まだ火はつけないでください。

⑧ 大地を祝福します。クリスタルを設置します。

⑨ 風を祝福します。インセンス、チャコールホルダーに入れたチャコールを設置します。

⑩ すべてのアイテムをサークル内に設置したら、サークルの淵に沿って時計回りに聖水と塩をまきながら、次のフレーズを３回または９回唱えます。

この聖なる空間を守ります
わたしの決意は固く力強く
ガーディアンたちよ、この聖なる空間を
聖なる状態に保ってください

I protect my sacred space
My intent is firm and strong
Guardians keep this Holy Place
Nothing enters that does not belong

⑪ それぞれのエレメンツを召喚し、あなたの感覚を目覚めさせます。まず、器に水を注ぐと喉の渇きが癒え、流れに身を任せることができます。

水が自分にとってどんな存在なのか、頭ではなく心で感じた言葉を口にしてみましょう。感じる言葉に正解も不正解もありません。ただ感じるままの気持ちを言葉にしましょう。

⑫ キャンドルに火をつけると、あなたのスピリットにも火が灯り、モティベーションが上がってきます。火について、情熱について心で感じたことを言葉にしましょう。

⑬ 少しのあいだ、クリスタルを心臓の前に持ち、ゆっくり深呼吸をしながら、波動を合わせます。そして、床の上（設置した場所）に戻します。クリスタルのパワーがあなたに注ぎ込まれ、大地がどれほどあなたを愛しているかを実感できます。

同様にあなたも大地のことを愛し、ケアすることを誓ってください。大地に呼びかけましょう。いつもいっしょにいてくれるよう、語りかけましょう。

⑭ インセンスに火をつけ、吐息で煙をまんべんなく空間に広めます。煙が広がっていくと、あなたの思考もクリアになり、呼吸は深く力強くなります。空間が浄化され、リフレッシュされるのを確認してください。

風に語りかけましょう。あなたの感情や思考を言葉にしてみましょう。いつもいっしょにいてくれるよう、お願いしましょう。

⑮ すべてのエレメンツを召喚し祝福したら、サークル内をゆっくりと歩きながら次のフレーズを３回または９回唱えます。

サークルをぐるぐる回ってキャストする
パワーだけが存在し、不要なものは存在しない
サークルをぐるぐる回ってキャストする
マジックだけが存在し、不要なものは存在しない
サークルをグルグル回ってキャストする
ガーディアンだけが存在し、不要なものは存在しない

Cast a circle round about
Power stay in, world stay out
Cast a circle round about
Magick stay in, world stay out
Cast a circle round about
Guardians stay in, world stay out

⑯ サークル内に立ち、ゆっくりと深呼吸を繰り返し、そこに存在する聖なるエネルギーを感じてください。だれかがともに存在している感覚がわき上がったら、下のフレーズを唱えます。

新しい月夜とともにこのスペルをキャストします
あなたのパワーが、今、わたしのなかに入りこんできます
感謝を捧げ、祝福します
新しい人生のはじまり、あなたのメッセージを受け取りました

By New Moonlight I cast this spell
Into me now your power swells
I thank you now and welcome all
This new life brings, I hear your call.

⑰ 水のエレメンツを設置した場所から聖水を少し手に取り、おでこと足先に塗り、次の呪文を唱えます。

よきことが流れ出します
チャンスがきたら察知できます
影は遠くに行ってしまいました
今、わたしには繁栄が織り込まれていきます

I allow my good to flow
When opportunity comes I will know
I cast the shadows far behind
And to me now abundance binds

⑱ 火のエレメンツを設置した場所で、もう一本のキャンドルにOnn、Ailm、Luisを刻み、火をつけて、下のフレーズを唱えます。

聖なる木々よ、明るく燃えよ
昼も夜もわたしを守護し、
パワフルで最善の使命を与えよ
使命の先に、成功と繁栄あれ

Sacred trees, burning bright
Protect me now, day and night
Give me work that's good and strong
Where I prosper, thrive and do belong

⑲ クリスタルを設置した場所で、直感にしたがって、クリスタルからのエネルギーを感じとります。このときつくれる人はクリスタルグリッドをつくってください。そして次の呪文を唱えます。

クリスタルはわたしに話しかけます

豊かさと独立
夢は現実に
繁栄のコミュニティーが創造されます
わたしの選択は大きく育ち、お金が入ってきます
わたしがクリエイトするこの人生をサポートしてください

These crystals here now speak to me
Of abundance and sovereignty
I can dream into reality
prosperity, community
My choices grow, the money comes
To support and create this life I've won

⑳　お香を設置した場所で、火をつけ、煙を吐息でくゆらせ、手ですくい自分の身体にかけながら、以下を唱えます。

新しいアイデアがどんどん沸いてきます
明るく、力強く、的確なアイデア
多くのことをシェアできる
世のなかはそれを求めている

My mind is full of ideas anew
Bright and strong and they acrrue
I always have so much to share
And when I do, they listen and care!

㉑　サークルの中央に戻り以下のフレーズを唱えます。

わたしはわたしであることを、ここにいる女神たちに宣言します

わたしがあるべき本来の姿を創造するためにサポートしてください
あなたのために、世界のために、貢献できるわたしを創造します
創造、成長、繁栄、そして輝きが増加します
わたしと家族に充分な食物を、継続的な豊かさと繁栄を

I now declare myself to the Goddess as I am
I wish you to help make me what I am meant to become
To shape me into the things that will best serve you and the world
To yield and grow fruit and prosper and shine
To bring myself and my loved ones food, and sustenance and abundance and nurture

㉒ 上記のフレーズに続いて、サポートしてほしい具体的な課題を宣言します。借金を解消する、悪癖をなくす、給与アップ、昇進する、新しい仕事をつかむ――。

豊かさを受け取るために必要なものならどんなものでも構いません。躊躇せずに具体的に宣言して、伝えてください。

㉓ すべての思いを出し切ったら、落ち着きを取り戻して、ゆったりと深呼吸をして、平常心に戻ります。

㉔ クリスタルを用意したポーチに入れ感謝を捧げます。そのなかに、ほんの少し聖水をすくって垂らし、水に感謝を捧げます。お香をほんの少しポーチに入れ、風に感謝をします。キャンドルのかけらを少しポーチに入れ、火に感謝します。

㉕ 聖なる木に硬貨の実が成ることによって、あなたの誠実で目的意識を持った想像力を通じて豊かさがやってくることを示しています。このポーチの口を結びながら、ビジョンをしっかりと見据えてください。そして、次のフレーズを唱えます。

わたしのなかに刻まれたこのスペルのパワーは

聖なる女神、聖なる木々
広大な海、光り輝く炎
歌を奏でる風、活気ある大地、すべてのおかげ
繁栄と豊穣が今、わたしのものになる
聖なる源からわたしの元にやってくる
与えたものが3倍になる法則のもと、このスペルを編みこんで
現実にものになる
そうなりますように
そうありますように
そうありますように

The power of this spell within me
By sacred Goddess and sacred tree
By ocean far and fire bright
By air that sings and earthly delight
Prosperity and plenty now are mine
They come direct from source divine
I bind this spell by three times three
As I do will, so mote it be
As I do will, so mote it be
As I do will, so mote it be

㉖ エレメンツに感謝を捧げます。キャストした方向と逆回転（北半球では反時計回り）で、サークルを１周しながら下記フレーズを唱えサークルを閉じます。

サークルを解放します
しかし、わたしのサークルはオープンで
壊れることはありません

Unwind, unwind as it is spoken
My circle is open
Yet never broken

㉗ ゆっくりと深呼吸をし、エネルギーがシフトし、黄金色のエネルギーがあなたに向かって降りそそぐのを感じましょう。そう、まるでお金を吸い寄せる磁石のように！

㉘ すべてのツールやアイテムを片付け、必要に応じて掃除機やほうきで塩などもきれいに掃除します。

㉙ 黄金色のフレッシュで栄養価の高い、食事をとりましょう。グランディングを促します。マンゴやオレンジ、さつまいもなど。食物エネルギーはそれぞれの異なりますが、ここで大事なのは、黄金色（ゴールド）をした食材であること。身近に手に入る黄金色の食材を食べましょう。

㉚ 最低でも次の満月まで、あるいはそれ以上、ポーチをいつも携帯するとよいでしょう。ときどきゴールドの硬貨を入れたりするのもよいと思います。夜は枕の下に入れて眠りましょう。この期間、アールグレーまたはレディーグレーのティーをたくさん摂取することをお勧めします。

ベルガモットは繁栄を引き寄せるので、あなたの感情を常に新鮮で機知に富んだ状態に保ち、豊かさを呼び寄せる機会を逃さず、創造性を大いに活用しお金に変換していくことができます。

㉛ 次の満月がやってくるころには、魔力がしっかりと根を張り、しだいに生活のなかにさまざまな形で現実化します。

High tide of psychic power
サイキックパワーを高めるバスソルト

サイキックパワーのアップを望んでいる人にはこのバスソルトが最適です。

◉準備するもの

□ モルタルとすりこぎ
□ フレンキンセンス樹脂
□ ジャスミン樹脂
□ 天然塩。海塩、岩塩どちらでも可（適量）
□ ジャスミンの花（適量）
□ フランキンセンスエッセンシャルオイル（数滴）
□ ジャスミンエッセンシャルオイル（数滴）
□ スイートオレンジエッセンシャルオイル（数滴）
□ シナモンスティック

◉バスソルトをつくる手順

① モルタルとすりこぎを使って樹脂を粉状にします。
② 粉状になった樹脂を容器に入れ、そのほかの材料もすべて混ぜ合わせたら、シナモンスティックを使って時計回りにかき混ぜ、容器に保存します。パワーアップが必要なときに、このバスソルトを使って入浴しましょう。

Spell for success
成功へ向けて無限の可能性を広げるスペル

古代から継承されてきた伝統的な魔術のエッセンスが組み込まれた魔術です。シンプルですが、とてもパワフルにあなたの成功をサポートします。

◉準備するもの

□ ゴールド色のキャンドル
□ 鍵
□ シナモンスティック

□　ゴールド色のポーチ

◉スペルの手順

① 日曜日、祭壇の前でサークルを開きます。

② 火と水、風、大地の４つのエレメンツをそれぞれの方角から召喚します。

③ 人差し指を使って、反時計回りにあなたの周りを一周するように空気中をなぞりながら、光のサークルをキャストします。美しい白い光線のサークルがあなたを守り、バランスを保ち、エネルギーをチャージし、あなたの空間をプロテクトします。

④ 次のフレーズを唱えます。

大地、風、火、水のスピリッツをこのサークルに歓迎します。
祝福あれ！

I welcome the spirits of the earth, air, fire and water to this circle.
Blessed be!

⑤ キャンドルにあなたの名前を刻んだら、その下に「成功」(Successful)という文字を刻みます。さらに、あなたが望む成功や、なりたい姿、就きたい職業などを具体的に書きます。できるだけ詳しく書くのがよいでしょう。

⑥ キャンドルを手に持ち、太陽の方角に向かって高く掲げます。もし天気のよい日だったら、ぜひ屋外で太陽の光を浴びながら行うことをお勧めします。屋内で行う場合には、心の目で太陽の光を感じながら、以下のフレーズを唱えます。

アテナ、アポロ、アフロディーテによって
わたしの成功に今、火がともされました

3倍返しの法則によって
わたしの成功は、ここにあり

By Athena, Apollo and Aphrodite
My success now ignited via thee
By all the power of three times three
As I do will, so mote it be

⑦ 手にしたゴールド色のキャンドルに太陽のパワフルでマジカルなエネルギーが注ぎ込まれるのを感じましょう。祭壇にキャンドルを置き、火をつけます。あなたの成功がすでに現実のものになっていることを感じてください。そして、鍵を手に取り、太陽の方に高く掲げて、下のフレーズを唱えます。

アテナ、アポロ、アフロディーテによって
わたしの成功の鍵を今、手にしました。
3倍返しの法則によって
わたしの成功は、ここにあり

By Athena, Apollo and Aphrodite
To my success I now hold the key
By all the power of three times three
As I do will, so mote it be

⑧ 鍵を祭壇のキャンドルの横に置きます。そしてあなたの成功がスペルによってさらに現実に反映されはじめたことを感じてください。
⑨ シナモンスティックを手に取り、太陽に向けて高く掲げ、下のフレーズを唱えます。

アテナ、アポロ、アフロディーテによって
わたしの成功は甘く、今現実のものになります
3倍返しの法則によって
わたしの成功は、ここにあり

By Athena, Apollo and Aphrodite
Success so sweet now comes to me
By all the powers of three times three
As I do will, so mote it be

⑩ シナモンスティックを、祭壇のキャンドルを鍵の横に置きます。そしてなにが起きようとも、すべてはあなたにとって、世界にとってよきことであるということをしっかりと理解し、実感してください。そしてあなたの成功が幸せに導かれることも。

⑪ 両手を外側いっぱいに広げて立って、太陽のエネルギーがあなたに注がれるのを実感しましょう。ひとつひとつの細胞が光り輝き、活性化され、成功に向けて無限の可能性を広げていきます。力強いはっきりとした大きな声で次のフレーズを3回繰り返します。

わたしは光り輝く成功者です
I am a radiant, successful being

⑫ キャンドルがすべて燃え尽きるのを待って、燃え残ったワックスと、鍵、シナモンスティックを全部いっしょにまとめて、ゴールド色のポーチのなかに入れます。入口を3回巻きつけて結びます。そして、次のフレーズを唱えます。

スペルは今、はずみをつけて回転し
3倍返しの法則によって

真実となり、わたしの成功は導かれました
わたしの成功はここにあり

Bound around this spell shall be
By all the powers of three times three
True, my success now comes to me
As I do will, so mote it be

⑬ 召喚したエレメンツに感謝を捧げます。

大地、風、火、水のエレメンツ
そしてスピリッツに感謝を捧げ、お別れをします

Farewell, and thank you
elements of earth, air, fire water and spirit

⑭ 人差し指を使って、サークルを開いた方向と反対方向(時計回り)にサークルの淵をトレースし、美しいサークルのエネルギーがあなたに注ぎ込まれる様子を確認しながら、１周します。

⑮ ヘルシーな食事をとって、グランディングし、水をたくさん飲みましょう。

⑯ ゴールド色のポーチは日曜日の日中、身につけるか携帯しましょう。

⑰ 日曜日の夜、ポーチから鍵を取り出し、ネックレスにして、最低でも１週間は身につけておきましょう。もちろん、それ以上でも構いませんが、日曜日のこのスペルを行った時間帯をひと区切りとしてください。

　ネックレスとして装着するのがむずかしい場合は、ポケットに入れるか、女性であれば、下着の内側に入れるのもよいでしょう。

Charge up my path spell
進むべき道を自信を持って選択する魔術

この魔術は、あなたが歩む人生、あるいは歩もうとしている人生を、迷うことなく自信をもって、しかも目指すところをはっきり見定めて歩んでいけるようにサポートしてくれます。

そして、あなたが見定めたゴールに確実にたどり着き、繁栄を手にすることができるように後押ししてくれます。

◉準備するもの

- □ キャンドル（無着色のもの）
- □ ハサミまたは魔術用のカマ
- □ あなたのグリモワールとペン

◉スペルの手順

① サークルをキャストします。

② 以下のフレーズを３回または９回唱えます。

パワー、勇気、明晰さ
そうありますように
今ここにサークルをキャストします
ガーディアンたちを歓迎します
サークルを開きます
パワーがみなぎり広がっていきます

Power, courage, clarity
As I do will, so mote it be

I cast this circle in time and space
The Guardians enter now this place
Open circle, hold within
Power swelling into being

③ サークル内に座り、深呼吸をして心身を落ち着かせます。サークル内に大きなスペースを感じませんか？　そこに女神たちがやってきて、サークルに参加します。誠意をこめて、次のフレーズを唱えます。

アルテミス、ヘスティア、ヘカテ
この聖なるサークルから
あなたたちを召喚します
あなたたちを今、歓迎します
心の底から、あなたたちに願います
わたしの人生が力強く、明るく、自由で
決断力を伴い、愛と健康に満ちあふれ、
勇気、平和、繁栄をもたらしてくれますように
あなたたちの存在をここに確認します
わたし自身を、今、このとき、あなたたちに捧げます

Artemis, Hestia, Hecate
From this sacred circle
I call to thee
I ask you all to join me now
I wish to ask you truly, how
My life can be strong, bright and free
Self-determined, made by me
A life that's full of love and health
Courage, peace and well-earned wealth

I await your presence, I call your names
I offer you my Self this day

④ キャンドルに火をつけ、炎を見つめながら大きく深く、3回、深呼吸をします。

⑤ 自分の髪の毛をハサミ（または魔術用のカマ）で少し切り、キャンドルの火で燃やします。これによって、召喚した女神たちは、「あなた」を認識します。ここで声に出して次のフレーズを唱えます。

アルテミス、あなたの矢は空高く飛び
まっすぐに真実へと向かいます
あなたの矢のように、わたしの矢も真実へ向かいますように
森を抜け、大海原を越え、
目的地へと力強く、確実に到達できますように
わたしがここに存在する意味と目的を
暗闇のなかで模索しています
わたしの心の奥深くを理解し
自分をいたわり、なにが必要なのかを知り
なんら罪悪感にとらわれることなく
真実を理解できるように猟犬たちの保護をお願いします
わたしがどのように
創造をすればよいのか雄ジカに、教えを乞います
この場所からあふれんばかりの自由が放出され
わたしは前に進み自分の人生を歩いていきます
暗闇も光もすべて受け入れ前進します
自分の熱望に満足し
自由でワイルドで力強い人生を歩いていきます
アルテミス、わたしはあなたとともにいます
深い森のなかでも明るい視野で

今宵、あなたとともにスペルをキャストします

Artemis, your arrow it will fly
Straight and true across the sky
Help me aim my own like yours
Across the forest, across the shores
Let my purpose be strong and clean
I seek to know what it is I mean
To know myself in deepest dark
To understand what's in my heart
To care for my Self, and know my needs
To feel no guilt when these I seek
I ask for hounds to protect me now
For stag to come, to show me how
I create all that I am
From this place such freedom sprang
That I will go forth and make my life
What it will be, in darkness and light
I will hunt for what I must
I will satisfy my lust
For a life that's free and wild and strong
Artemis, know that I belong
To forest deep and clean bright sight
I begin this work with you tonight

⑥ あなた自身との約束事をグリモワールに記入します。幼いころのあなたが、明るく自由でワイルドな少女アルテミスとなってあなたの元にやってくる様子を想像します。

彼女はあなたにどんなアドバイスを届けてくれるでしょうか？

メッセージを受け取ったら、記入して、次に進みます。次にヘスティアとワークをしましょう。以下のフレーズを唱えます。

わたしの家、わたしの家族、ヘスティア
聖なる食事、清純なる入浴
わたしを癒し、育んでくれる
マイホームをつくることを教えてください
必要なもの、こうありたいと思うもの
安心して眠れるベッド
木々や妖精が遊べる場所
わたしの魂のよりどころであるマイホーム
新鮮なフルーツとブドウ
ほんの少しのパンとワイン
身体に必要な分だけ
そして毎日充電をして新しいはじまりを迎えられる家

Hestia for my home and hearth
From sacred meals and purifying bath
Instil in me the urge to make
A home that nurtures, so I create
All that I need and wish to be
A bed where sleep will come to me
A place where tree and faery roam
A place that is my own soul home
Food that's fresh of fruit and vine
A little bread, salt and wine
Enough for me to go within
And restore each day anew begin

ヘスティアが母としてあなたの元にやってきます。彼女はあなたを育て、優しく、あなたをサポートすることを望んでいます。ヘスティアからのメッセージを受け取りましょう。どのような知恵を授けてくれるでしょうか？　メッセージを受け取ったらグリモワールに記入します。

⑦　次にヘカテとワークをしましょう。以下のフレーズを唱えましょう。

ヘカテよ、わたしの道を照らしてください
毎日目の前に現れる岐路に
本当に歩むべき道へとわたしを導いてください
選ぶことを教えてください
よさそうに見えてもそうでないときには警告してください
あなたが持つ叡智の松明で照らしてください
暗闇にいても、あなたのサポートで
常に最善の選択ができますように
暗闇にいても、クリアな視野で
物事を見極めることができますように
突破口が開けますように！
力強さ、自立を手に入れました
炎を浄化し
わたしが望むものはなんでも
わたしにとって最善のこととなります
そうありますように！

Hecate, I ask you light my way
The crossroads that I face each day
Help me step onto my true path
Help me learn to choose between
The things that seem but are not good for me

Wisdom of your torch please shine
Into the dark spaces, where I'll divine
With your help what is best for me
And even in darkness I will see
Clear my way! Break new ground!
Strength, independence, I have found!
Let the fires purify
Anything which I desire
Which may not be truly good for me
As I do will, so mote it be!

ヘカテがあなたの元にやってきます。年老いた老婦人です。たくさんの知恵を持っています。いくつもの選択肢があることを見てきました。ヘカテからのメッセージを受け取りましょう。どのような知恵を与えてくれるでしょうか？　メッセージを受け取ったらグリモワールに記入します。

⑧ すべてのプロセスが終了したら、３人の女神たちに感謝を捧げます。３人それぞれに、あなたから貢物を捧げてください。フルーツやケーキなど、美味しい食べ物がよいでしょう。

アルテミスには空間をきれいにするサポートをお願いします。ヘスティアには、自分自身をいたわることができる人になれるようにお願いします。そして、ヘカテには進むべき道を教えてくれるように祈ります。

ヘカテにサポートを依頼するときにはキャンドルを灯すとよいでしょう。キャンドルは常に無着色のナチュラルなものを使いましょう。以下のフレーズを唱えます。

わたしのなかに存在するスペルのパワー
現実になりますように

現実になりますように
現実になりますように

The power of this spell within me
As I do will, so mote it be
As I do will, so mote it be
As I do will, so mote it be

⑨ 感謝を捧げ、サークルを閉じます。キャンドルの火を吹き消します。サークルを開いた最初の方角から反時計回りに1周しながら、以下のフレーズを唱えます。

わたしのサークルは開いています。けっして壊れることはありません
わたしのサークルは開いています。けっして壊れることはありません

My circle is open, but never is it broken
My circle is open, but never is it broken

⑩ ゆっくりと時間をかけて深呼吸をし、エネルギーの変容を感じてください。

魔 術 用 語 集

アサトル／ Asatru　（五十音順）

スカンジナビアの伝統的な魔術のひとつ。ルーン文字などを使う古代北欧における防御のための魔術で、文化的で哲学的なインパクトをもちます。

アサメイ／ Athame

両側に刀がついている魔女専用の短剣で黒い持ち手が特徴です。エネルギーコードをカットするときや、エネルギーのつながりを断ち切るとき、異なる次元や惑星、領域へのゲートウェイをつくるときなどに使います。この世に存在する物質を切るものではありません。

イニシエート／ Initiate

魔女の訓練生が、所属する組織やコーヴェンでの所定のトレーニングを終え、その最終段階で行われる卒業試験のようなものです。これをクリアすると晴れて一人前の技術習得者として認められ、祝福されます。

インヴォーク（祈願）／ Invoke

女神・神々、または特定のビーイングやエネルギー（スピリッツ）に魔術や儀式が滞りなく進められ目的が達成するようにお願いすること。時に、召喚する行為と交互に行われますが、召喚よりも意図と意志が強く反映され、お願いしたエネルギーを直接的に実感できるのがインヴォークです。

インカンテイション（まじない、呪文）／ Incantation

パワーと魔力エネルギーを高めるために、何度も繰り返し唱えるフレーズ。

ウィッカ／ Wicca

古代ウィッチクラフトの現代版表示。

ウィッケ／ Wicce

アングロサクソン語で曲げる、形作る、知恵、という意味があります。

ウィダーシャインズ／ Widdershins

地上から見た太陽の回転方向と逆の回転方向のこと。北半球では反時計回り、

南半球では時計回りを指します。サークルをキャストするときや魔術を行うとき、この方向に回転することはクリアリング、なにかをお払いする、分ける、厄除けなどの意味があるほか、単独またはグループでスペルワークをして開いていたサークルを閉じるときに使います。

ヴェシカパイシス／ Vesica Pisces

ふたつの円形が平等に交わる聖なるシンボル。

ウンディーネ／ Undine

水の精。

エスバット(魔女会)／ Esbat

ウィール・オブ・ジ・イヤー（１年の時の歯車）のお祭で開催される魔女会こと。満月のときに開催されることもありますが、常にというわけではありません。

エグレゴール(グループソウル)／ Egregore

意図的か無意識かに関係なく、それぞれの人生において形作られる霊的なグループの総称。グループソウルにはなにがしかの使命を与えられていて、その関係性が持続する期間は使命によって異なります。

オガム／ Ogham

聖なる木を元にしてつくられたアイルランドのアルファベット。

オベイト／ Ovate

預言者。未来を予言し自然からのメッセージを読み取る人。ドルイドが起源になっています。

オラクル／ Oracle

聖なる存在と人間世界をつなぐためのツール。現代的なオラクルはカードリーティングやチャネリングなどと呼ばれています。

カース（呪い）／Curse
悪や怒り、憎しみをもって故意に他者を傷つけることを実践する魔術。

カラーマジック／Colour magick
色はそれぞれに異なる波長を持っていて、それぞれの色はわたしたちにエネルギー的にも、心理的にも影響を及ぼします。ですから、それぞれの魔術に適した色を使うことで、魔術をより効果的なものにすることが可能です。
・黒：お払い用。月が欠けていく時期や、冬に向かう季節に黒いリボンを結ぶとよいでしょう。
・白：スピリチュアルなサポート用。直感力アップ。
・赤：情熱と愛。
・ブルー：調和がとれたコミュニケーションや友情、人間関係。
・グリーン：成長、自然とのつながり、健康的な肉体と心。
・紫：気品、高次、すべてのものとのつながり。

キャスト／Cast
スペル（魔術）を行う行為。

キャンドルマジック／Candle magick
魔術の種類のひとつで、炎や火とともにワークをします。キャンドルは特定の目的を達成するために捧げられるもので、炎を灯すことで魔力が有効になります。

クイバンダ／Quimbanda
ブラジルに伝わる先住民族の魔術。

クエラント（相談者）／Querent
魔術などスピリチュアルな方法によって回答を得ようとする相談者のこと。

クミナ／Kumina
恍惚とした踊りと歌とドラムが三位一体となった、ジャマイカの先住民族が伝える伝統的な儀式。

グラモア／Glamour

意志をもって外見（見た目）や、他者の価値観を変化させるための魔術。

グリモワール／Grimoire

魔術師や魔女、魔術を実践する者たちが、それぞれ自分自身の手で記述して残す魔術全般におよぶ取り扱い説明書。魔術の創作や実践の手順についてはもとより、魔術によってもたらされた効果、使用する道具や材料など、さらに記述した本人の習慣や個人的雑感まで、魔術に関するあらゆることを記述しています。

クロウタイ／Cloutie

パワフルなヒーリングエナジーを受け取り、その土地の女神や神々、聖なる井戸とつながるために木々に結びつけるストライプ柄の布（またはリボン）。古い言葉ですが、イギリスのコーンウォールにあるマドロンの聖なる泉の近くではクロウタイが結ばれた木々をたくさん見ることができます。

コーヴェン／Coven

定期的にワークや儀式、スペルキャスティングを行っている魔女グループの総称。魔術を行い、エネルギーと魔力を向上させるために互いに協力して研鑽を積むことなどを目的としています。それぞれの組織や集会の仕組みなどはコーヴェンごとに異なります。

コルドロン／Cauldron

魔術に使用する鉄でできた３本脚の魔女用なべです。ポーションをつくったり、儀式で火を炊くときに使います。

サークル／Circle

魔女やスピリチュアルに目覚めた人たちの集い。ヒエラルキー（階層組織）が形作られるのを避けるために形がサークル（円形）状になります。サークルには、始まり、終わり、上、下がないからです。

サークルをキャストする／ Cast a circle

プロテクションやヒーリングを目的にした魔術を行う円形の空間をつくること。「サークルをキャストする」という表現がよく用いられます。現実世界と別次元の世界の狭間に存在するような空間で、安全に魔術を行うことができるようにするためのもの。サークル内ではマジックは３倍のパワーになり、いかなるネガティブなエネルギー、物質もそのなかに入ることができません。

サバト／ Sabbat

魔女の集会。「１年の時の歯車（ウィール・オブ・ジ・イヤー）」の８つのお祭の日などに魔女たちは集い祝福しました。

シジル（シジル魔術）／ Sigil

シジルは印章のこと。印章をつくる作業も魔術のひとつであり、願望を実現する目的でつくられます。

シャーマン／ Shaman

シベリア語で賢者を意味し、魔術や儀式の実践を守りつづけるキーパーです。

ジュージュー／ Juju

西アフリカに伝わる伝統的な魔術。

スカイクラッド／ Skyclad

裸であること。スペルクラフトや儀式、魔術における裸の定義はけっしてセクシャルなものではなく、自然の姿に戻り、すべてをさらけ出し、弱さや透明性を受け入れ自由になるためのものです。

スクライ（水晶占い）／ Scry

クリスタルのなかを覗き込み予言をする方法。水晶占いは、古代から伝わる方法で、火や水、雲、暗い色のガラスなどの内面を覗きこむことによって、占い者が、感覚をシフトさせるために軽いトランス状態に入り、異次元からのメッセージを受け取るという占いの手法です。

ストレガ／Strega

イタリア語で魔女を意味します。イタリアの伝統的な魔術を実践することをストレゲリアといいます。

ダウジング／Dowsing

地中に走るエネルギーライン（レイラインと呼ばれることもある）を感知する手法のこと。地下水や地下資源、ときには失くしたものを探すために活用されることもあります。Y字の形をした鉄製また木製（柳、銅、青銅など）の、ダウジングロッドと呼ばれる道具を使います。

タロット／Tarot

タロットもしくはタロットカードは、予言などに用いる78枚一組のカードのこと。カードにはメジャーアルカナとマイナーアルカナがあり、そのなかにコートカードという決まった意味をもつ4枚のカードがあります。その神秘的な始まりから、タロットは、アーキタイプ（自分自身の原型）に到達するためのゲートウェイであり、また魔術の完璧なシステムを理解する入口でもあり、さらに起こりうる出来事を的確に予測する入口としても活用されています。

デオジル／Deosil

地上から見た太陽が動く回転方向のこと。北半球では、太陽は東から昇り、南へ移動した後、西に沈むので右回り（時計回り）となります。南半球でも同様に、太陽は東から昇りますが、いったん北へ移動した後、西に沈むので地上からの見た目は北半球とは逆の左回り（反時計回り）になります。

ドルイド／Druid

古代イギリスにおけるスピリチュアルな聖職者、またはプラクティショナーのこと。ドルイドは語り部、詩人、音楽家、法の守り番、教師など、さまざまな役割を担っていました。プレ・ローマン・ブリテン、アイルランドなど多くの西ヨーロッパ地域と北スペイン、西フランスにおけるアドバイザーでした。

ドローイング ダウン ザ ムーン(月をもたらす)／Drawing down the moon

女性神とダイレクトにコミュニケーションをとるためのパワフルなウィッカの

儀式の一部で、女神のスピリットが女性に宿ります。月をもたらす（魔女の肉体に女神を呼び込む）ために、かつて神官や女神官によって唱えられていた聖なるフレーズは、現代の召喚儀式においては女神がその役を担うことが多くなっています。

ネオペイガン／Neopagan
ペイガニズム（異教徒）的精神の現代的な呼び方。

ネクロマンシー（降霊術）／Necromancy
死者と交流するための魔術のひとつ。現代では霊媒師が行う術として知られています。

バインド／Bind
縛る意。魔術で可能性を制限したり、傷つけたり、痛めつけたりすること。

パペット／Poppet
魔術で使うツールのひとつで人間の形をした人形。この聖なる人形の歴史は長く、とても古くから存在しています。スペルを効果的に実現したり、魔力を強化するために使います。魔力を封じ込め、パワーを長い期間、秘めておくことができます。

パワーストーン／Charmstone
ある目的を実現するためにエネルギーがチャージされ、祝福されたストーン、またはクリスタルのこと。手に持ったり、水につけたり、触って祝福を受け取ったり、そのものを使って魔術を行ったりします。スコットランドやアイルランド、北イングランド、アイスランド、アメリカの先住民族における伝統的な魔術の方法です。

パンテオン（神殿）／Pantheon
高貴な神々が集まる場所。ギリシャパンテオンには基本となる12の女神と神がいると言われています。

ハンドファスティング／Handfasting
伝統的なペイガンの結婚宣誓儀式で、新郎新婦の両手首をつなぐようにして、布またはリボンで結ぶことをいいます。これを一度行うと365日プラス1日、その効力が続きます。

ファミリア／Familiar
魔術を行う際、その効果をより強化するためにスペルキャスターとともにワークするために捧げられる動物のこと。たいてい、スペルキャスターの家族の一員としてみなされ、敬愛され、助言を与えられ、つながりを持ちます。

フィスファス／Fith fath
魔術を別な場所または別な時間軸へと送りだすためのエネルギーフォーム。たとえば、あなたが眠っているときや忙しいときは、フィスファスがあなたの代わりに魔術を行ってくれることになります。

ブック・オブ・シャドウズ／Book of Shadows
『影の書』。20世紀になってウィッカ（魔術）が復活したとき、ジェラルド・ガードナーが執筆、出版した魔術書。秘伝の魔術やその手順、シンボルや調合などについてまとめた書物です。ちなみに『シャドウズ・アンド・ライト』は、筆者がガードナーの『影の書』を参考にしてつくったオラクルカードです。“秘伝書”や“影の書”としてではなく、“光”と“影”の両方の存在を表現しています。

ブードゥー／Vodou：
ハイチのカトリック信仰と伝統的な魔術、ウィッチクラフトを融合させた宗教儀式です。その起源は東アフリカで、その後ルイジアナ・ブードューやサンテリア、カンドンブレなど世界各地でさまざまなバリエーションを生んで伝承されています。

ブラックマジック／Black magick
黒魔術。残忍で悪意のある魔術を一般的に黒魔術と呼んでいます。一方、善意あふれる健康的な魔術が一般的に白魔術です。ただし、魔術には本来、白も黒

もありません。黒であろうが白であろうが、魔術の目的とそれを行うときに放出する意図、つまりなににフォーカスして、どのような意図、意志をもってエネルギーを扱い、行動を起こすかということが、魔術においてもっとも大切です。

ベーン／Bane

毒、死を招くもの、不幸、喪失など、傷跡を残す不要なエネルギー。

ペイガン／Pagan

辺境の地の居住人という意味を持つペガナス（paganus）から派生した言葉で、組織的な宗教団体や信条に属さず、地球の鼓動や地球のスピリットに従って生きる人々のこと。

ヘイル／Hail

歓迎の挨拶の言葉。「ヘイル＆ウェルカム」という組み合わせで使います。サークルをキャストするときにエレメントや神々を召喚する際にこの言葉で歓迎します。

ベソム／Besom

魔女のほうき。エネルギーを上昇させ浄化します。とても神秘的で強い魔力が詰まっています。

ヘックス／Hex

悪意のある魔術、または儀式。

ベル（鈴）／Bell

空間を浄化するときやエレメンツを召喚するときに使います。とくに妖精は鈴の音色が大好きです。

ベンド／Bend

曲げる意。自然の法則にしたがって、そこに意志を統合させ、現実世界を形作っていく行為。

ペンジュラム／Pendulum

チェーンまたは糸などの先にクリスタルなどの錘がついているもの。「はい」「いいえ」で答えられる質問に対して、ペンジュラムが一定の方向に回転したり揺れたりして答えを知らせてくれます。

ペンタクル／Pentacle

ペンタクルはピタゴラスの定理に則った、円形のなかに描かれた五芒星のことです。5つの頂点にはそれぞれ大地、風、火、水、スピリットがバランスを取って配置されています。

ポーション／Potion

ある目的を意図して魔力を封じ込め、魔力のある材料でつくられた液体です。聖水などの波動水やエッセンスとともに使われます。

ボーリーン／Boline

持ち手が白い魔女のナイフで、三日月形の刀が特徴。ハーブや植物をカットするのに使います。

ホワイトウィッチ／White Witch

魔術の世界には白魔術、黒魔術という概念はどこにも存在しません。その人が、どのような動機、意図をもってなにを選択してキャスティングをするか、ということにフォーカスすることがなによりも大事です。

マドロン／Madron

マドロンは知恵の女性指導者、もしくは偉大なる女神の母として存在してきました。また、ドルイドにとっての女性指導者でもありました。

メガリッシュ（巨石）／Megalith

厳密には巨石、もしくは巨石文化を意味しますが、一般的には、新石器時代の巨大な石でつくられた神殿またはモニュメントを指します。ストーンヘンジやエイブベリーなどです。

メスメル／ Mesmer

催眠術のひとつで、他者の意志と、そのパワーを操る魔術のことをいいます。

メンヒル(立石)／ Menhir

ブルトン（ブルターニュ）語で、そびえ立つ石という意味です。

モジョー／ Mojo

性的な魅力をより高めるための魔術のこと。魔力のあるお守りや呪文を使って異性を引きつけるエネルギーをサポートします。

リード／ Rede

ウィッカン・リード（魔女のリード）と呼ばれる一種のコードのことで、宣言をするときに使います。

リチュアル(儀式)／ Ritual

特別なルールやしきたりに則って行われる行事のこと。魔術における儀式は、たとえば「１年の時の歯車(ウィール・オブ・ジ・イヤー)」を祝福するときや、ヒーリングエネルギーを上昇させるとき、あるいは聖なる存在を目覚めさせ、それらとの交流を経験し創造するときなどに行われます。

ルーン／ Runes

古代スカンジナビアの直線的なシンボル文字のこと。時に文字だけでなく、当時の哲学、予言などを含めて用いることがあります。ルーンはエネルギーに影響を与えたり、外部からの攻撃や痛みから魔術の実践者を守る目的で、または魔術を強化するときに使われます。魔力、効力ともに強いのが特徴です。

ワンド／ Wand

エネルギーを方向付けるためのツールです。木や骨、石、鉄やクリスタルなどの素材でつくられています。素材によってそれぞれエネルギーが異なるので、サークルをキャストするときや、物や人にエネルギーを注ぐとき、ヒーリングを施すときなど、場面によって使い分けられています。

魔術に使う道具や素材・材料について

目的意識をもって相性のよいグッズを探そう！

魔術を実践するにあたって、徐々に揃える道具や素材・材料について、最後にまとめて紹介することにしましょう。

まず購入するお店について触れておきましょう。いくつかの材料はスーパーマーケットで手に入れることができます。また魔術用品についてはネットショップや魔術専門店などで購入できます。魔術専門店には、専門的な知識を持った店員がいるので、彼らとコミュニケーションを取ったり、気の合う仲間としての関係を築くことができるので、実店舗があるようなら足を運んでみてください。そして、お店自体が居心地が良いかどうかなど、あなたとの相性をみてから、実際にそのお店を活用するかどうかを決めたらいかがでしょうか。

魔術の材料、道具を購入するとき、わたしが大切にしているポイントは、手触りや手に持ったときの感覚です。どんな商品もそれぞれ違うエネルギーがあるので、自分に合ったものを吟味するようにしています。わたしは、とくに手作りの木製ワンドや、手摘みで採取されたハーブ、手染めの品物などに魅力を感じます。

また、完成品に対する感覚だけでなく、それがどこでつくられ、どのような工程を経て商品になったのか、という点も重視してください。

購入した後は、あなたのエネルギーに波動を合わせ、使用する前にあなたの意図とエネルギーを込めてクリアリング、浄化をするようにしましょう。

とはいえ、あまりむずかしく考える必要はありません。まずは買い物に出かけてみましょう。それだけで気分がウキウキするはずです。目的意識をはっきりもって買い物をすれば、きっとあなたと相性のよいグッズに出会うことができるでしょう！

エッセンシャルオイル／Essential oils

エッセンシャルオイルほど魅力的なものはありません。自然から産出される天然の、魔力に満ちた植物です。エッセンシャルオイルの姉妹的な存在としてフラワーエッセンスがありますが、経験上からお話するとオイルのほうが効力は絶大だと実感しています。とにかく結果が早くもたらされるのです。

純粋なエッセンシャルオイルは天然の植物由来で製造されるべきものですから、購入する際は100パーセント天然素材のものを選ぶようにしましょう。安

価なエッセンシャルオイルは、天然オイルに似せてつくった化合物に精製水を混ぜ合わせて加工しているものが多いので気をつけてください。購入前に商品の説明書や原材料が記載されたラベルをチェックして、天然植物100パーセントから抽出されたエッセンシャルオイルであることを確認してください。

　また、ブレンドオイルを購入するよりは、シングルオイルを何種類か揃えることをお勧めします。好みに応じてブレンドオイルをつくる方が簡単で安上がりだからです。それに自分の手でオイルをブレンドすることによって、あなたのエネルギーをオイルに注入することができます。既製品とは異なるオリジナルの、あなただけのエネルギーがあふれるブレンドオイルが完成します。

　オイルを選ぶときは、かならず香りやつけ心地を試してください。より多くのシングルオイルを持っていると便利です。初心者は、まず次のようなエッセンシャルオイルを基本に考えて揃えていくとよいでしょう。どれもブレンドのベースによく使うもので、魔術で多用します。

・ラベンダー
・スィートオレンジ
・ベルガモット
・ローズゼラニウム
・ローズウッド

　もし、お金に余裕があるようなら、こんなオイル追加して購入するとよいでしょう。

・フレンキンセンス
・サンダルウッド

　それぞれのオイルがもつ特性は、植物本来が持つヒーリング、治癒のエネルギーに直結しており、わたしたちにダイレクトに影響を及ぼします。肉体的な感覚を感じられるのがエッセンシャルオイルの大きな魅力のひとつだとわたしは思っています。ボトルを開けたその瞬間からその香りに魅了され、鼻から体内の血流へと植物がもたらすヒーリングエネルギーが流れ込んできます。ブレンドオイルを肌に塗布しても同様の効果が得られます。

フラワーエッセンスのエネルギーと、それによってもたらされる効果（とても優しくて繊細だけれど、効果はパワフルです）も魅力的ですが、残念ながらアルコールが防腐剤として使われていることにジレンマを感じます。なぜなら、わたしはアルコールを飲まないのでフラワーエッセンスを使うときに、その香りと味覚に不快感を覚えてしまうからです。そんなわけで魔術を行う際は、エッセンシャルオイルのほうが、気分よく行えるツールです。

聖水／Consecrated water

水と聞けば、蛇口をひねればいつでも手に入るものとだれもが思いますよね？　でも、読者のみなさんには、ここでほんの少し、水について考えてほしいと思います。

できれば、種類の違う水を何種類か集めて飲み比べてみてください。水はとても美しいエレメントです。とても多くのエネルギーや記憶を、個人レベル、集合体レベルで保持していて、水は単なる飲み水以上の存在意義を持っているのです。

エネルギーと記憶を保持するという点でいうと、水は不健康なマイナスのエネルギーも、美しく流れるようなポジティブなエネルギーも区別なく、その記憶を保持しています。ですから、わたしたちは、健康的でポジティブなエネルギーに満ちた水とともに暮らすことを意識して求める必要があります。

海や川、湖、池、渓流などから採取される自然の水がお勧めです。少なくとも、スイミングプールや大衆浴場、健康ランドの水ではありません。もし近くに天然水を採取できるところがなければ、雨水がそれに替わるすばらしい水になります。とくに月夜の下で溜めた雨水であればなおさらです。月の満ち欠けのリズムは水が保持するエネルギーにダイレクトに影響を及ぼします。

水を採取したら次はそれにチャージ（充電）しましょう。このチャージする作業では、一定のエネルギーを水にプログラミングすることによって、実際にパワーを向上させることにつなげます。チャージする方法は簡単です。あなたが設えた聖なる空間、つまり居心地の良いお気に入りの場所で、パワーがみなぎる感覚やポジティブな感情で心を満たします。

その状態で、水が入ったボトルを手に持ち、あなたから水に向かってエネルギーを注ぎこみます。その瞬間を感じきってください。もっとも望むべきことを感じてください。ネガティブな思いや、「本当に効くのかな」といった疑念

を捨て去って、純粋な心でいることが大切です。水が自分の一部であると、心の底から信じて、水の存在を愛でる感覚をもつことがいちばん効果的です。そう信じれば信じるほど、水は驚くべき変化を遂げます。

チャージを終えたら、ボトルにその日の日付などを記入しておきます。わたしはいつも10本くらいのチャージしたウォーターボトルを準備しています。そのラベルには、「月食2012年」「新月、新年2013」「ベルテーンの早朝」「ダークムーンの夜の雨水」などと記入しています。こうして種類の異なる聖水をつくっておくことで、あらゆる魔術に備えることができます。

キャンドル／Candles

キャンドルは魔術の必須アイテムです！　できればビーズワックス（蜜蝋)、またはソイビーンワックスのキャンドルがよいでしょう。エネルギーがとても美しく、地球に優しく、イオンを発生させて室内の空気をきれいにします。なにより天然素材でできているので、火を灯すだけで活力をもらうことができます。

安価で手に入るパラフィンワックスのキャンドルにはこのような効果はありません。またティンキャンドルも手軽に購入できますが、ビーズワックスやソイビーンワックスがどうしても手に入らないときだけに限りましょう。

養蜂園などで手作りしているビーズワックスキャンドルを見つけられることをぜひお勧めします。あなたに良い影響を与えるだけでなく、こうした手作り品をつくる人たちから積極的に商品を購入することはとてもよいことだと思います。

魔術によっては色のついたキャンドルを使うケースもありますが、個人的にはあまり多く使いたくありません。もしどうしても着色されたキャンドルを使用したいときは、天然の着色料を使ったキャンドルを探してください。より良いエネルギーでつくられたものほど、より効果的な魔術につながります。

オイルバーナー／An oil burner

質の良いものを選んで使うようにしましょう。安価なものにはオイルを燃焼させるときに毒素を排出するものもあるからです。

耐燃性の容器／Flameproof container

コルドロン（魔女用なべ）やテラコッタ（素焼き）のタイル、お香ホルダーなどで代用できます。好みに応じて選んでください。できるだけ手作りのもので、環境に配慮した素材を使用したものを吟味して選んでください。コルドロンなどは魔術ショップで購入できます。

マッチ／Matches

ライターではなくマッチを使いましょう。エネルギー的にも、環境への配慮という点からもマッチをお勧めします。

チャコールディスク／Charcoal discs

チャコールディスクは自分で手作りすることができますが、とにかく時間がかかるのでめったにつくりません。既製品でも、せめて環境に配慮したチャコールディスクを選びましょう。

ピンセット／Tweezers

火をつけたチャコールを持ち上げたり移動したりするときに使います。熱いチャコールディスクを素手で掴むのは火傷の原因になります。うっかり落としでもしたら魔術を中断しなければなりません。

天然海塩、湖塩、岩塩／Sea salt, lake salt or glacier salt

天然塩の産地は好みに応じて選んでください。ただし、できるだけ天然塩の素材を生かしてつくられたものを選びましょう。安価で手に入るものもありますが、産地や製造プロセスをよく確認して購入しましょう。天然塩に近い品質であればあるほど、魔術に及ぼす影響は大きく、浄化を促します。

クリスタル／Crystals

クリスタルは、ニューエイジ関連の商品を扱うショップなどで、それなりに高い値段で売られていますが、よく探してみると、意外にもクオリティの高い商品が卸問屋などにも置かれているので、探す範囲を少し広げてチェックしてみましょう。

そして、ここで読者のみなさんにぜひ知っておいていただきたいことがあり

ます。クリスタルの採掘方法です。クリスタルやジェムストーンのほとんどは、人間の手で自然から採掘されているのですが、その方法は、爆薬を使って地表を掘り起こしてから、地中深くに埋まっているクリスタル掘り出します。なにを言いたいかというと、クリスタルの多くが、爆破の衝撃によるトラウマを抱えているということです。

ですから、クリスタルを選ぶときにはよく吟味して選んでいます。そして、彼らとともにワークをするときは、注意深く、パワフルに利用していくことを心がけています。それと同時に、このようなすばらしいエネルギーを創出してくれた母なる大地に感謝を捧げます。

また、ストーンを買い求める際、必要以上に購入しないようにしましょう。少量を買い求め、それらに深く愛情を注ぎこみます。わたしが使っているストーンのいくつかはとてもパワフルです。なかでもイギリス、コーンウォールのマーリーンの洞窟から入手したストーンなどは、すばらしいエネルギーを保持しています。まるで魔術師マーリーンと同じパワフルさを持っているかのようです。

ハーブ／Herbs

ハーブは、自分で育てるのもいいし、地場産の良質なハーブが入手できるケースもあるので、ぜひ調べてみましょう。わたし自身は、ローレル、ジュニパー・ベリー、ブラック・ペッパーを常備していて、そのほかにはシナモンスティックとパウダーも簡単に準備できる状態にしてあります。オーガニックマーケットや地元のハーブ販売農園などに出向いたときには、自分のフィーリングがどんなハーブに惹きつけられるのか調べてみるとよいでしょう。

あなた自身の「グリモワール」用のノートとお気に入りのペン／Your own Grimoire and a pen you love using

グリモワールはあなたの魔術日記です。魔術に関するあなたの感情や価値観、儀式、月のこと、実践した魔術、魔術を行ったときのメモ、人生を創造する過程で思うさまざまなことなどをすべて書き綴っておくノートです。

あなたなりにカスタマイズして、このグリモワールにあなた自身のすべてが反映され、あなたとグリモワールが一体となるように使いこなしてください。そのためには、あなたのフィーリングにフィットするお気に入りのノートやペンを吟味して選んで使うことが大切です。